P. P.

Meinen umfangreichen Verlag auf dem Gebiete der **Mathematik**, der **Naturwissenschaften** und **Technik** nach allen Richtungen hin weiter auszubauen, ist mein stetes durch das Vertrauen und Wohlwollen zahlreicher hervorragender Vertreter dieser Gebiete von Erfolg begleitetes Bemühen, wie mein Verlagskatalog zeigt, und ich hoffe, daß bei gleicher Unterstützung seitens der Gelehrten und Schulmänner des In- und Auslandes auch meine weiteren Unternehmungen Lehrenden und Lernenden in Wissenschaft und Schule jederzeit förderlich sein werden. **Verlagsanerbieten** gediegener Arbeiten auf einschlägigem Gebiete werden mir deshalb, wenn auch schon gleiche oder ähnliche Werke über denselben Gegenstand in meinem Verlage erschienen sind, stets sehr willkommen sein.

Unter meinen zahlreichen Unternehmungen mache ich ganz besonders auf die von den Akademien der Wissenschaften zu Göttingen, Leipzig, München und Wien herausgegebene **Encyklopädie der Mathematischen Wissenschaften** aufmerksam, die in 7 Bänden die Arithmetik und Algebra, die Analysis, die Geometrie, die Mechanik, die Physik, die Geodäsie und Geophysik und die Astronomie behandelt und in einem Schlußband Geschichte, Philosophie und Didaktik besprechen wird. Eine **französische Ausgabe**, von französischen Mathematikern besorgt, hat zu erscheinen begonnen.

Weitester Verbreitung erfreuen sich die mathematischen und naturwissenschaftlichen Zeitschriften meines Verlags, als da sind: Die **Mathematischen Annalen**, die **Bibliotheca Mathematica**, Zeitschrift für Geschichte der Mathematischen Wissenschaften, das **Archiv der Mathematik und Physik**, die **Jahresberichte der Deutschen Mathematiker-Vereinigung**, die **Zeitschrift für Mathematik und Physik**, Organ für angewandte Mathematik, die **Zeitschrift für mathematischen und naturwissenschaftlichen Unterricht**, die **Mathematisch-naturwissenschaftlichen Blätter**, ferner das **Archiv für Rassen- und Gesellschafts-Biologie**, die **Monatshefte für den naturwissenschaftlichen Unterricht aller Schulgattungen**, die **Geographische Zeitschrift**, **Himmel und Erde**, illustrierte naturwissenschaftliche Monatsschrift u. a.

Seit 1868 veröffentliche ich: **„Mitteilungen der Verlagsbuchhandlung B. G. Teubner“**. Diese jährlich zweimal erscheinenden „Mitteilungen“, die in 31000 Exemplaren im In- und Auslande von mir verbreitet werden, sollen das Publikum, das meinem Verlage Aufmerksamkeit schenkt, von den erschienenen, unter der Presse befindlichen und von den vorbereiteten Unternehmungen des Teubnerschen Verlags durch ausführliche Selbstanzeigen der Verfasser in Kenntnis setzen. **Die Mitteilungen werden jedem Interessenten auf Wunsch regelmäßig bei Erscheinen umsonst und postfrei von mir übersandt.** Das **ausführliche „Verzeichnis des Verlags von B. G. Teubner auf dem Gebiete der Mathematik, Naturwissenschaften, Technik nebst Grenzwissenschaften“** 101. Ausgabe, mit eingehender systematischer und alphabetischer Bibliographie und einem Gedenktagebuch für Mathematiker, 10 Bildnissen sowie einem Anhange, Unterhaltungsliteratur enthaltend. [CXXXI, 392 u. 92 S.] gr. 8. 1908 steht Interessenten umsonst und postfrei zur Verfügung.

Leipzig, Poststraße 3.

B. G. Teubner.

M. V. s. 150 : 808.

Alexander Zivek

EINFÜHRUNG IN DIE HAUPTGESETZE DER ZEICHNERISCHEN DARSTELLUNGSMETHODEN

VON

ARTUR SCHOENFLIES

O. Ö. PROFESSOR DER MATHEMATIK
AN DER UNIVERSITÄT KÖNIGSBERG I. PR.

MIT 98 TEXTFIGUREN

LEIPZIG UND BERLIN
DRUCK UND VERLAG VON B. G. TEUBNER
1908

Vorwort.

Die Kräftigung des räumlichen Vorstellungsvermögens und der räumlichen Gestaltungskraft gehört unbestritten zu den wichtigsten Zielen eines jeden geometrischen Unterrichts. Um sie zu erreichen, ist für den Lehrenden wie für den Lernenden — von Modellen abgesehen — die Kunst guter zeichnerischer Darstellung unentbehrlich. So selbstverständlich dies auch erscheinen mag, haben doch die mannigfachen Bemühungen der Hochschullehrer, den Studierenden die leichte Ausübung dieser Kunst zu vermitteln, noch keineswegs vollen und allgemeinen Erfolg gehabt. Sicherlich muß der mathematische Unterricht an den höheren Schulen darunter leiden. Ich habe den Wunsch, durch meine Schrift an der Beseitigung dieses Mangels mitzuhelfen.

Das Gebiet der wissenschaftlichen darstellenden Geometrie hat allmählich eine so große Ausdehnung erfahren, daß jede Behandlung des Stoffes sich auf eine Auswahl zu beschränken hat. Sie kann für den Vertreter des höheren Lehrfachs eine andere sein als für den Techniker und Architekten. Diese Erwägung ist für die Abfassung dieser Schrift maßgebend gewesen; ihr Inhalt ist bereits mehrfach in Vorlesungen und Übungen von mir nicht ohne Nutzen behandelt worden. Es erschien mir zweckmäßig die Auswahl so zu treffen, daß sie so knapp wie möglich ausfiel, und doch alles berücksichtigt, was für das zu erreichende Ziel notwendig ist. Vor allem war es mein Streben, mich nur der allerelementarsten Mittel zu bedienen und doch in dem Leser neben der Kenntnis der Methoden die volle Überzeugung von ihrer Richtigkeit zu erwecken. Ich hoffe, daß sie jeder, der über die einfachsten geometrischen und stereometrischen Sätze verfügt, mit Nutzen und ohne erhebliche Mühe lesen kann.

Es gab eine Zeit, in der man an die Spitze geometrischer Bücher den Ausspruch Steiners setzte „stereometrische Betrachtungen seien nur dann richtig aufgefaßt, wenn sie rein, ohne alle Versinnlichungsmittel, durch die innere Vorstellung angeschaut werden“. Befinden wir uns mit unseren heutigen Bestrebungen etwa in direktem Gegensatz zu dieser Sentenz? — Ich glaube dies verneinen zu dürfen. Die Kräftigung des räumlichen Vorstellungsvermögens ist auch in ihr mittelbar als Hauptertordernis enthalten, und als letztes und höchstes Ziel geometrischer Ausbildung und Denkweise kann die Steinersche Forderung auch heute noch bestehen bleiben. Die Frage ist nur, wie wir uns dem in ihr gesteckten Ziel am besten annähern können. Ein Steiner, der als sechsjähriger Knabe auf die Bemerkung des Lehrers, daß drei Ebenen eine Ecke bestimmen, sofort ausrief: „es gibt ja acht", mochte allerdings Figuren und Modelle entbehren können; die glänzende räumliche Intuition, die er besaß, gab ihm einen Ersatz dafür. Aber für das Genie gelten besondere Regeln. Wir andern müssen uns auf andere Weise helfen und sollen füglich jedes wissenschaftliche Hilfsmittel erfassen und benutzen, das uns zu nützen vermag. Je besser es gelingt, kompliziertere räumliche Gebilde durch richtig konstruierte und wirksam gezeichnete Figuren zu unterstützen, um so besser, um so schneller und sicherer wird Studium und Unterricht auf die räumliche Gestaltungskraft einwirken können. Liegt doch dieser Weg auch im Interesse der sogenannten Ökonomie des Denkens, die wir heute als einen obersten Grundsatz jeder wissenschaftlichen Betätigung zu betrachten pflegen.

Ein letztes Wort widme ich den Figuren. Die meisten sind vom Herrn stud. math. Bluhm im Anschluß an Übungen, die ich kürzlich gehalten habe, gezeichnet worden. Sie sind von ungleicher Anlage und werden dadurch am besten erkennen lassen, welche Zeichnungsart das Auge bevorzugt; es liebt starke Konturen und kräftige Hervorhebung alles dessen, worauf es seine Aufmerksamkeit in erster Linie zu lenken hat. Auch hängt die Anlage der Figur davon ab, ob sie einen guten räumlichen Eindruck vermitteln soll, oder ob in ihr gewisse geometrische Tatsachen in Evidenz treten sollen. Sicher sind die Figuren mehr oder weniger auch der Vervollkommnung fähig; ich habe sie aber deshalb so gelassen wie sie sind, um dem Leser durch ihren Vergleich ein eigenes Urteil über die beste Zeichnungsart zu ermöglichen. So hoffe ich auch, den Hauptzweck jeder Schrift über die Gesetze der zeichnerischen Darstellungsmethoden am besten zu erreichen, nämlich die Kunst, mit wenigen geeigneten und geeignet ausgeführten Strichen freihändig ein gutes Bild eines räumlichen Gebildes zu entwerfen. Gerade das ist es, was wir nötig haben und was die sichere Beherrschung der zeichnerischen Gesetze uns gewähren soll.

Endlich sage ich Herrn Oberlehrer Dr. Nitz für die freundliche Unterstützung bei der Korrektur, sowie dem Verlag für sein bekanntes auch diesmal stets bewiesenes Entgegenkommen besten Dank.

Königsberg i. Pr., im September 1908.

A. Schoenflies.

Inhaltsverzeichnis.

§ 1. Die Grundgesetze.

I. Das physiologische Grundgesetz. Der Entstehung unserer Gesichtswahrnehmungen liegt folgende Tatsache zugrunde. Das Auge besitzt die Fähigkeit, die Richtung zu empfinden, aus der die auf der Netzhaut einen Sehreiz auslösenden Lichtstrahlen kommen. Diese Fähigkeit ist die wesentlichste Grundlage aller zeichnerischen Darstellung. Physiologisch ist sie folgendermaßen bedingt.[1])

1. Alle von einem Punkt P in das Auge eintretenden Lichtstrahlen vereinigen sich, nachdem sie durch die lichtbrechenden Medien hindurchgegangen sind, in einem Punkt P_n der Netzhaut (Fig. 1)[2]), und zwar geht der Strahl PP_n ungebrochen durch das Auge hindurch. Dieser Strahl kann daher als geometrischer Repräsentant aller übrigen Strahlen gelten; seine Richtung ist es, die das Auge empfindet. Man bezeichnet ihn auch als den von P kommenden Sehstrahl.

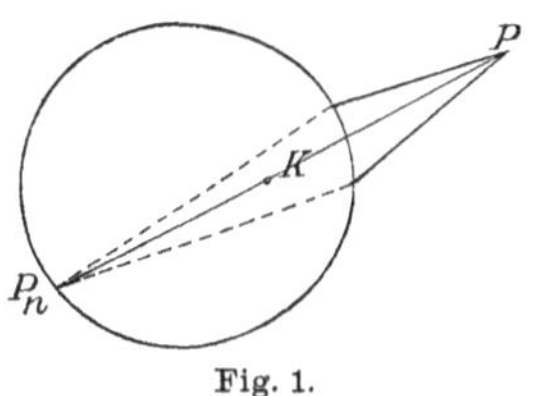

Fig. 1.

2. Alle Sehstrahlen, die von irgendwelchen Punkten $P, Q, R \ldots$ eines Körpers Σ ins Auge gelangen, gehen durch einen festen Punkt K des Auges, der auf seiner optischen Achse liegt und Knotenpunkt heißt (Fig. 2). Sie bilden also einen Teil eines Strahlenbündels mit dem Mittelpunkt K.[3]) Das auf der Netzhaut erzeugte, aus den Punkten $P_n, Q_n, R_n, \ldots$ bestehende Netzhautbild Σ_n des Körpers Σ ist daher geometrisch als Schnitt der Netzhaut mit den Strahlen dieses Bündels zu bezeichnen.

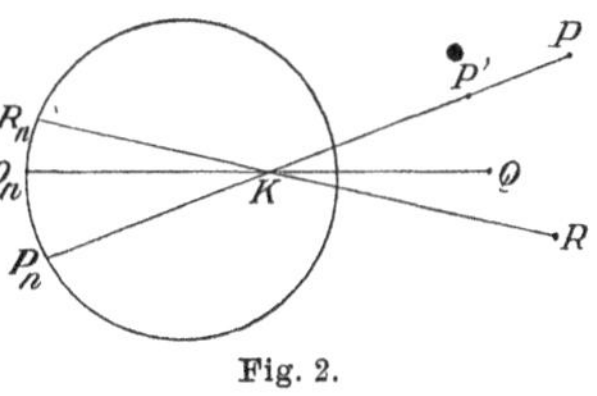

Fig. 2.

1) Die folgende Darstellung enthält nur eine Annäherung an die wirklichen Verhältnisse. Das Genauere findet man im Anhang, 1.

2) Die Figur ist nur schematisch gezeichnet.

3) Als Strahlenbündel bezeichnet man die Gesamtheit aller durch einen Punkt des Raumes gehenden geraden Linien oder Strahlen; der Punkt selbst heißt sein Scheitel oder sein Mittelpunkt.

Hieraus ergibt sich bereits diejenige grundlegende geometrische Tatsache, der jede zeichnerische oder räumliche Abbildung Σ' eines Gegenstandes Σ zu genügen hat, wenn sie im Auge dasselbe Netzhautbild entstehen lassen soll, wie der Körper Σ selbst. Aus 1. folgt nämlich (Fig. 2), daß wenn P' ein lichtaussendender Punkt auf dem Sehstrahl PP_n ist, der zu P' gehörige Sehstrahl mit PP_n identisch ist. Um also ein Abbild Σ' herzustellen, das im Auge die gleichen Lichtempfindungen erzeugt, wie der Gegenstand Σ selbst, würde es an sich genügen, jeden Punkt P von Σ durch irgend einen Punkt P' des von P ausgehenden Sehstrahls PP_n zu ersetzen. Handelt es sich insbesondere um ein ebenes Bild, was hier zunächst allein in Frage kommt, so ist der Bildpunkt P' als Schnittpunkt des Sehstrahles PP_n mit der Bildebene zu wählen. Da nun gemäß 2. alle Sehstrahlen einem Strahlenbündel mit dem Mittelpunkt K angehören, so ist das in der Bildebene entstehende Abbild Σ' genauer als ihr Schnitt mit den Strahlen des ebengenannten Strahlenbündels zu definieren. Also folgt:

I. Das Netzhautbild Σ_n und das ebene Bild Σ' sind als Schnitte eines und desselben Strahlenbündels mit der Netzhaut und der Bildebene anzusehen; der Mittelpunkt dieses Strahlenbündels liegt im Knotenpunkt des Auges.

Die ebengenannten physiologischen Tatsachen stellen allerdings nur eine Annäherung an den wirklichen Sachverhalt dar; überdies sind sie für die Beurteilung und die richtige Deutung der Gesichtseindrücke nicht allein maßgebend.[1]) Die zeichnerischen Abbilder werden daher nur solche Sinneswahrnehmungen auslösen können, die den durch die Gegenstände selbst vermittelten mehr oder weniger nahe kommen. Das Auge ist aber ein höchst akkommodationsfähiges Organ. Wenn es auch den Unterschied zwischen Bild und Gegenstand jederzeit erkennt, ist doch seine Kunst, aus einem Bild die wirklichen Eigenschaften des dargestellten Gegenstandes zu entnehmen, erstaunlich.[2]) Andererseits ist das Auge für gewisse Dinge auch ein strenger Richter. Abweichungen von der Symmetrie und der Gesetzmäßigkeit einfacher Formen wie Kreis, Ellipse usw.

1) Vgl. Anhang, 2.

2) Eine ausführliche Würdigung dieser Verhältnisse findet man bei Helmholtz, in dem Aufsatze: „Das Auge und das Sehen", Populäre wissenschaftliche Vorträge, Heft 2.

wird es sofort störend empfinden. Überhaupt soll man das Auge als den obersten Richter für die Beurteilung eines Bildes ansehen, und Korrekturen, die von ihm verlangt werden, auch dann ausführen, wenn man eine den geometrischen Vorschriften entsprechende Zeichnung hergestellt hat.

Das Auge stellt sich besonders leicht auf unendliche Sehweite ein, also so, als ob sich der Gegenstand in unendlicher Entfernung befindet. Physiologisch beruht dies darauf, daß diese Einstellung der Ruhelage des Auges entspricht. Andererseits nähern sich die von einem Gegenstand Σ ausgehenden Lichtstrahlen um so mehr dem Parallelismus, je weiter er vom Auge entfernt ist. Dies bewirkt, daß Bilder, die man auf Grund der Annahme paralleler Sehstrahlen herstellt, vom Auge ebenfalls leicht aufgefaßt werden. Diese Darstellung zeichnet sich überdies durch Einfachheit aus und ist daher von besonderer Wichtigkeit.

II. Das geometrische Grundgesetz. Wir nehmen jetzt an, daß auf einer Ebene β, die wir uns vertikal denken wollen, auf die vorstehend genannte Art ein Bild hergestellt werden soll. Wir haben dazu jeden Sehstrahl, der von einem Punkt P des Körpers Σ ins Auge eintritt, mit der Bildebene β zum Schnitt zu bringen, und wollen den so entstehenden Schnittpunkt wieder durch P' bezeichnen. Das geometrische Grundgesetz besagt nun, daß jeder Geraden g des Gegenstandes Σ eine Bildgerade g' des Bildes Σ' entspricht; genauer allen Punkten A, B, C . . von Σ, die auf einer Geraden g enthalten sind, solche Bildpunkte $A', B', C' \ldots$, die auf einer Geraden g' enthalten sind (Fig. 3). Die Sehstrahlen, die von den Punkten A, B, C . . der Geraden g ins Auge gelangen, liegen nämlich sämtlich in einer Ebene, und zwar in derjenigen, die g mit dem Punkt K verbindet; ihr Schnitt mit der Ebene β liefert die Bildgerade g'. Auf ihr liegen also auch die Punkte $A', B', C' \ldots$.

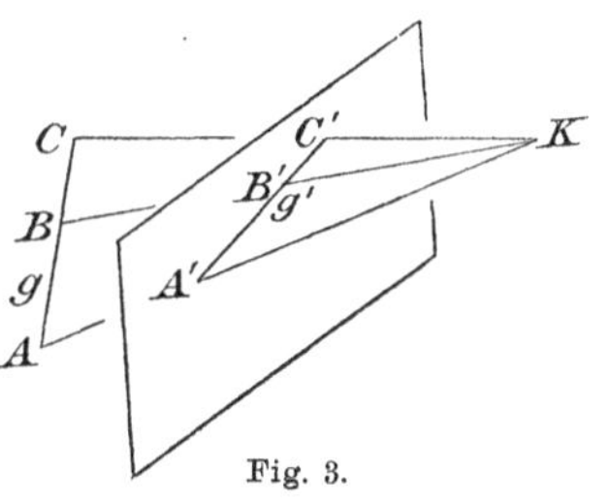

Fig. 3.

Wir treffen noch einige Festsetzungen. Zunächst kann die Tatsache außer Betracht bleiben, daß wir es mit Sehstrahlen zu tun haben; wir fassen also diese Strahlen in ihrer geometrischen Bedeutung als gerade Linien auf und stellen sie uns überdies als unbegrenzt vor. Ebenso ersetzen wir auch die Bildebene β für die Ableitung der weiteren geometrischen Gesetze durch eine unbegrenzte Ebene. Den im Auge liegenden Knotenpunkt K, also den Scheitel unseres Strahlenbündels, nennen wir von nun an S_0, bezeichnen die auf der Ebene β entstehende Figur Σ' auch als Projektion des Gegenstandes Σ auf β, und nennen den Strahl PS_0, der durch seinen Schnitt mit β die Projektion P' des Punktes P liefert, den projizierenden Strahl des Punktes P. Der Punkt S_0, durch den alle projizierenden Strahlen gehen, heißt Zentrum der Projektion, und Σ' deshalb auch Zentralprojektion.[1])

Wird die Zeichnung insbesondere so angefertigt, als ob sich das Auge in unendlicher Entfernung befindet, so daß also alle Sehstrahlen einander parallel werden, so sprechen wir von einer Parallelprojektion. Sie heißt orthogonal, wenn die projizierenden Strahlen auf der Bildebene senkrecht stehen, sonst schief.

III. Das zeichnerische Grundgesetz. Dieses Gesetz stellt eine Art allgemeiner Vorschrift auf, nach der man das Bild eines Punktes oder einer Geraden von Σ in der Ebene β herzustellen pflegt. Sie zerfällt in zwei Teile.

1. Das Bild einer Geraden g, die zwei Punkte A und B enthält, bestimmen wir so, daß wir die Bildpunkte A' und B' zeichnen und die Gerade g' ziehen, die beide verbindet. 2. Analog bestimmen wir das Bild P' eines Punktes P in der Weise, daß wir uns durch P zwei Geraden a und b legen und ihre Bildgeraden a' und b' zeichnen. Deren Schnittpunkt ist der Bildpunkt P' von P.

Wir bestimmen also die Gerade als Verbindungslinie zweier Punkte und den Punkt als Schnittpunkt zweier Geraden.

Freilich liegt in der vorstehenden Vorschrift zunächst ein Zirkel. Praktisch schwindet er dadurch, daß wir lernen werden, die Punkte A und B und die Geraden a und b in bestimmter geeigneter Weise so anzunehmen, daß die Vorschrift ausführbar wird. Hier beschränke ich mich auf folgende vorläufige Bemerkungen:

Unter den Punkten, durch die wir eine Gerade g räumlich bestimmen können, gibt es zwei, die sich am natürlichsten dar-

1) Als Projektion bezeichnet die Sprache zwar auch den Prozess des Projizierens, zumeist aber sein Ergebnis.

bieten, und die wir deshalb als **ausgezeichnete** Punkte ansehen können. Der eine ist der Punkt, in dem sie die Bildebene **durchdringt**, der andere ist ihr sogenannter **unendlichferner** Punkt[1]) (Fig. 4). Der erste Punkt wird auch **Spur** oder **Spurpunkt** der Geraden g genannt; wir bezeichnen ihn durch G'. Offenbar fällt er mit seinem Bildpunkt zusammen. Man sieht zugleich, daß hierin eine Eigenschaft **aller** Punkte der Bildebene zutage tritt. Es besteht also der Satz:

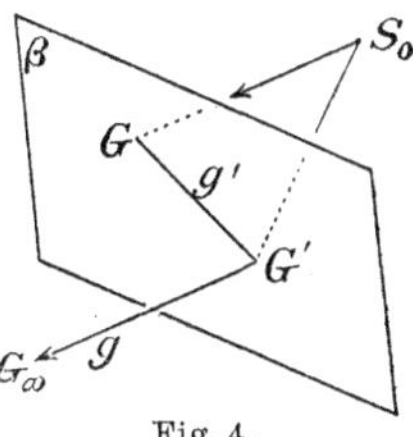

Fig. 4.

II. **Jeder Punkt der Bildebene fällt mit seinem Bildpunkt zusammen.**

Um den Bildpunkt des unendlichfernen Punktes G_∞ von g zu konstruieren, haben wir zunächst die Gerade $S_0 G_\infty$ zu ziehen, also durch S_0 eine Parallele zu g zu legen, und dann ihren Schnitt mit der Bildebene β zu bestimmen. Dieser Schnittpunkt ist der Bildpunkt G'_∞. Wir wollen ihn kürzer durch G bezeichnen und ihn den **Fluchtpunkt** der Geraden g nennen.[2]) Der Fluchtpunkt einer Geraden ist also derjenige Punkt der Bildebene β, der dem unendlichfernen Punkt dieser Geraden entspricht. Auf seine zeichnerische Bestimmung kommen wir noch näher zurück.

Ich schließe mit einer Bemerkung, die die Herstellung der Figuren betrifft.

Um die räumliche Wirkung zu erhöhen, zeichnet man die Bilder zweier windschiefer Geraden am besten so, daß sie sich nicht schneiden. Vielmehr soll die hintere Gerade (vom beschauenden Auge aus gedacht) an der Stelle des geometrischen Schnittpunktes etwas unterbrochen sein. Gerade dies bewirkt, daß das Auge sie als eine **zusammenhängende**, aber **hinter** der anderen liegende Gerade auffaßt. Diese Zeichnungsart trägt außerordentlich zur körperlichen Wirkung der Bilder bei, wie man an den einzelnen Figuren erkennt.[3])

---

1) Eine ausführlichere Erörterung der unendlichfernen Punkte kann erst in § 6 gegeben werden.

2) Es ist also G der Fluchtpunkt und G' die Spur von g.

3) Vgl. den Anhang, 3.

§ 2. Die allgemeinen Gesetze für die zeichnerische Darstellung ebener Gebilde.

Wir behandeln zunächst die Herstellung der Bilder von ebenen Figuren. Insbesondere wollen wir uns die gegebene Figur Σ in einer horizontalen Ebene γ liegend denken, die wir zur Fixierung der Begriffe mit dem Fußboden zusammenfallen lassen und Grundebene nennen. Die Bildebene, die wir uns, wie bereits erwähnt, vertikal denken, heiße wieder β. Endlich denken wir uns das Auge S_0 vor der Bildebene β befindlich; die Figur Σ, von der auf β ein Bild zu zeichnen ist, befindet sich dann naturgemäß hinter der Bildebene.

Die Schnittlinie von γ und β soll Achse oder Grundlinie heißen; wir bezeichnen sie durch a. Da sie eine Gerade von β ist, so fällt sie (§ 1, II) mit ihrer Bildgeraden Punkt für Punkt zusammen.

Wir beweisen nun zunächst den folgenden Satz:

I. Die Fluchtpunkte aller Geraden von γ liegen auf einer zur Grundlinie parallelen Geraden, dem sogenannten Horizont.

Zum Beweise ziehen wir in der Ebene γ irgendeine Gerade g und konstruieren ihren Fluchtpunkt.[1]) Gemäß § 1 erhalten wir ihn, indem wir durch S_0 die Parallele zu g legen und deren Schnitt G mit der Bildebene β bestimmen. (Fig. 5.) Diese Parallele liegt, welches auch die Gerade g sein mag, in derjenigen Ebene η_0, die durch S_0 parallel zur Grundebene γ geht, und die wir Augenebene nennen. Daher liegt G auf der Schnittlinie dieser Ebene η_0 mit β, womit der Satz bewiesen ist.

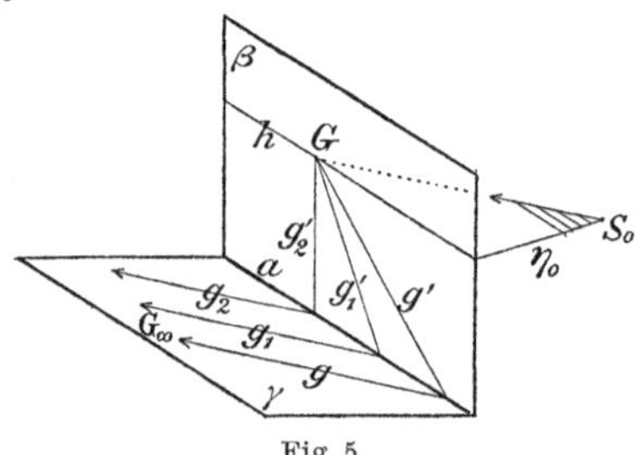

Fig. 5.

Die so bestimmte Gerade nennen wir den Horizont und bezeichnen ihn durch h. Seiner Definition gemäß ist er Ort der Bildpunkte aller unendlichfernen Punkte von γ. Deren

1) Bei unserer Festsetzung über die Lage des Auges zur Bildebene kommt hier nur derjenige Teil der Geraden g in Betracht, der hinter der Bildebene liegt. Näheres in § 6.

Gesamtheit bezeichnet die Sprache als Horizont; als dessen Bildgerade heißt h ebenfalls Horizont.

Aus der Definition des Fluchtpunktes folgt unmittelbar, daß alle parallelen Geraden $g, g_1, g_2 \ldots$ denselben Fluchtpunkt haben; für jede von ihnen ergibt er sich als Schnittpunkt von β mit dem nämlichen durch S_0 gezogenen Strahl. Also folgt:

II. Jeder Schar paralleler Geraden $g, g_1, g_2 \ldots$ der Grundebene entsprechen in der Bildebene Geraden $g', g_1', g_2' \ldots$, die durch einen und denselben Punkt des Horizontes gehen.

Unter den Scharen paralleler Geraden von γ nehmen vier eine bevorzugte Stellung ein; die zur Bildebene normalen Geraden, die beiden Scharen, die mit ihr einen Winkel von 45⁰ einschließen, und die zu ihr parallelen Geraden.

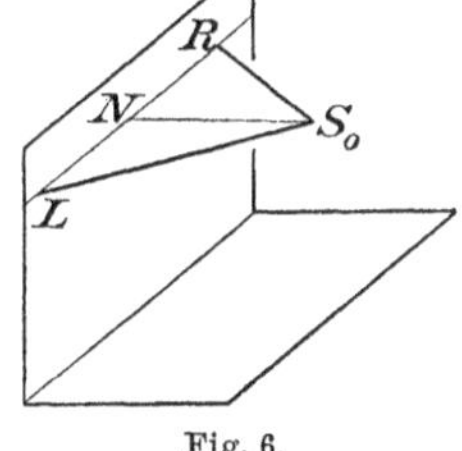

Fig. 6.

Für die zu β normalen Geraden n erhalten wir den Fluchtpunkt, indem wir von S_0 ein Lot auf β fällen. (Fig. 6.) Der Fußpunkt N ist der Fluchtpunkt; er heißt Augenpunkt.

Die Fluchtpunkte der gegen β unter 45^0 geneigten Geraden l und r seien L und R. Sie heißen Distanzpunkte. Ihrer Definition gemäß bilden nämlich S_0L und S_0R mit β je einen Winkel von 45^0, folglich ist

$$1) \qquad S_0N = NL = NR.$$

Die beiden Punkte L und R bestimmen daher die Entfernung des Auges von der Bildebene; hierauf beruht es, daß die Richtungen l und r praktisch wie theoretisch als bevorzugte Richtungen aufzufassen sind.

Ist endlich p eine Gerade von γ, die zur Bildebene, also auch zur Grundlinie a parallel ist, so gilt dies auch für die Bildgerade p'. Für diese Geraden besteht deshalb eine einfache metrische Eigenschaft, die sich in folgenden Sätzen ausdrückt (Fig. 7).

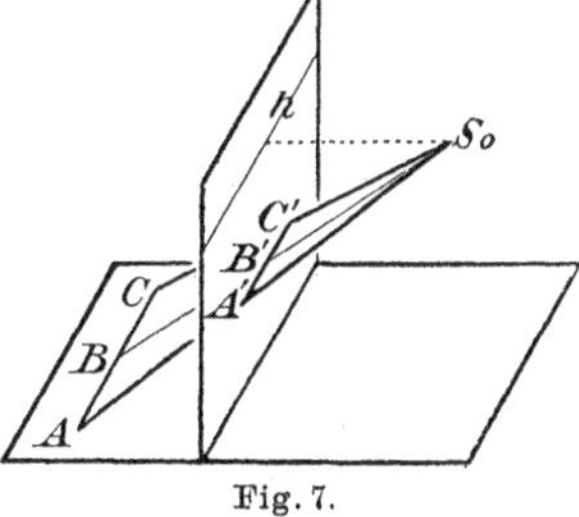

Fig. 7.

1. Ist B der Halbierungspunkt der Strecke AC, so ist auch B' der Halbierungspunkt von $A'C'$.

2. Sind A, B, C irgend drei Punkte von p, und A', B', C' deren Bildpunkte, so ist

2) $$AB : BC : CA = A'B' : B'C' : C'A'.$$

Beides folgt unmittelbar aus dem bekannten Satz, daß irgend drei durch denselben Punkt gehende Geraden von zwei sie kreuzenden Parallelen nach demselben Verhältnis geschnitten werden. Der Satz 1. ist übrigens nur ein Spezialfall von 2.

Ist in der Bildebene außer den Distanzpunkten L und R auch die Grundlinie a gegeben, so ist damit nicht allein die Entfernung des Auges von der Bildebene, sondern auch seine Höhe über der Grundebene bestimmt, und zwar können a, L und R beliebig angenommen werden. Damit ist alsdann die Lage des Auges im Raume durch zeichnerische Bestimmungsstücke festgelegt.

Um die Entfernung des Auges von der Bildebene zu bestimmen, kann man übrigens statt L und R die Fluchtpunkte E und F irgend zweier Geraden e und f von bekannter Richtung auf dem Horizont h beliebig annehmen. Zieht man nämlich in der Augenebene η_0 durch E die Parallele zu e und durch F die Parallele zu f, so gehen beide Parallelen durch S_0 und bestimmen damit wieder die Lage des Auges zur Bildebene.[1])

§ 3. Die praktischen Regeln der zeichnerischen Darstellung.

Eine Figur von γ, von der wir in β ein Bild herstellen sollen, muß geometrisch oder zeichnerisch gegeben sein; am besten auf demjenigen Blatt, auf dem wir die Zeichnung wirklich ausführen. Hierzu drehen wir die Ebene γ um die Grundlinie a als Achse so lange, bis sie in die Ebene β hineinfällt, und zwar unter dasjenige Stück von β, auf dem das Bild entstehen soll. Beide Ebenen sind so auf demselben Zeichnungsblatt vereinigt.

Durch diesen Kunstgriff wird die zeichnerische Herstellung des Bildes außerordentlich erleichtert. Um nämlich zu einem

1) Man vgl. Fig. 5, in der man außer dem Fluchtpunkt G der Geraden g nur noch den Fluchtpunkt einer Geraden anderer Richtung anzunehmen braucht.

Punkt P von γ den Bildpunkt P' zu konstruieren, lege man (Fig. 8) gemäß dem zeichnerischen Grundgesetz von § 1 durch P je eine Gerade l und r[1]), und bestimme P' als den Schnittpunkt der Bildgeraden l' und r'. Diese beiden Bildgeraden lassen sich unmittelbar zeichnen. Ist nämlich L' der Schnitt von l mit a, so ist L' der Spurpunkt von l, seine Verbindung mit dem Fluchtpunkt L liefert also die Bildgerade l'. Ebenso erhalten wir die Bildgerade r', wenn wir den Punkt R mit dem Schnittpunkt R' von r und a verbinden.

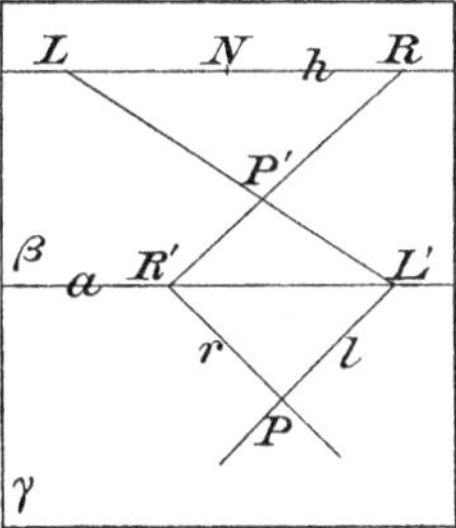

Fig. 8.

In dem Vorstehenden ist die Hauptregel des praktischen Zeichnens enthalten. Hat man in γ insbesondere eine Figur, die irgendwie aus Punkten und deren Verbindungslinien besteht, so wird man in der angegebenen Weise zunächst die Bildpunkte zeichnen, und dann die Verbindungslinien ziehen. Im übrigen wird man jedes Hilfsmittel, das eine Vereinfachung der Zeichnung gestattet, und jeden hierzu führenden Kunstgriff gern benutzen. Ich mache besonders auf folgende Tatsachen aufmerksam:

1. In erster Linie empfiehlt sich die Benutzung solcher Geraden von γ, die der Grundlinie parallel sind; denn ihre Bildgeraden sind gemäß § 2 ebenfalls zur Grundlinie parallel.

2. Enthält die Figur Σ eine Reihe paralleler Geraden $g, g_1, g_2 \dots$ (Fig. 5), so wird man zunächst zu einer, z. B. zu g, die Bildgerade g' bestimmen; in ihrem Schnittpunkt mit dem Horizont h hat man dann sofort den Fluchtpunkt G dieser Geradenschar, und damit einen Punkt, durch den alle Bildgeraden $g_1', g_2' \dots$ hindurchgehen.

3. Hat man es mit einer Figur Σ zu tun, die zwei ausgezeichnete Richtungen hat, die übrigens beliebige Neigung gegen die Grundlinie a haben können, so vereinfacht man sich die Zeichnung, indem man von vornherein deren Fluchtpunkte statt L und R auf h als gegeben annimmt.[2])

1) Man beachte die richtige Lage der in γ enthaltenen Stücke von l und r in der Zeichnungsebene. Es muß l nach links unten und r nach rechts unten gehen, damit beide Geraden beim Zurückdrehen in die Ebene γ in ihre richtige Lage kommen.

2) Hier wird immer vorausgesetzt, daß wir die Lage des Auges beliebig annehmen dürfen.

4. Man beachte, daß die Wahl der Fluchtpunkte die Entfernung des Auges von der Bildebene bestimmt. Da man einem Gegenstand, von dem man einen guten Gesichtseindruck erhalten will, nicht zu nahe stehen darf, so wird man, um gute Bilder zu erzielen, die Fluchtpunkte demgemäß annehmen müssen. Erfahrungsgemäß ist es zweckmäßig, die Distanz LN gleich der doppelten Höhe oder Breite des Gegenstandes anzunehmen.[1])

5. Um möglichst genaue Bilder zu erhalten, empfiehlt es sich, zeichnerische Überbestimmungen zu benutzen. Um z. B. zu einem Punkt P den Bildpunkt P' zu bestimmen, kann man P als gemeinsamen Punkt von drei durch ihn gehenden Geraden betrachten und zu ihnen die Bildgeraden zeichnen; ist die Zeichnung vollkommen, so werden sie alle drei durch einen Punkt gehen.[2]) Die Genauigkeit der Zeichnung wird auch dadurch erhöht, daß man zunächst solche Punkte bevorzugt, in denen eine Symmetrie oder eine sonstige Regelmäßigkeit der Figur zum Ausdruck kommt, wie dies bereits in § 1 erörtert wurde.

Nach den vorstehenden Regeln sind die folgenden Aufgaben behandelt worden, bei denen wir außer a im allgemeinen L und R als gegeben angenommen haben.

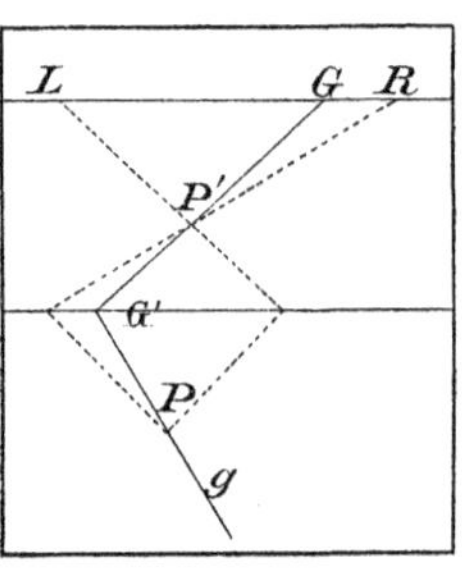

Fig. 9.

1. Den Fluchtpunkt einer Geraden g zu zeichnen. (Fig. 9.) Ist P ein Punkt von g, so lege man durch P die Geraden l und r, konstruiere ihre Bildgeraden l' und r', und verbinde ihren Schnittpunkt P' mit dem Spurpunkt G', in dem g die Achse a trifft. Diese Verbindungslinie schneidet den Horizont h im Fluchtpunkt G.

2. Das Bild einer quadratischen Teilung zu zeichnen, deren Linien senkrecht und parallel zur Achse verlaufen. (Fig. 10.) Die Diagonalen unserer Teilung sind lauter Linien l und r; jeder Teilungspunkt ist also ein Schnittpunkt je zweier solcher Geraden. Damit sind die Bildpunkte unmittelbar bestimmbar, und ebenso deren Verbindungslinien.

---

1) Freilich konnte dies bei den Figuren dieser Schrift mit Rücksicht auf den Platz nicht immer geschehen.

2) In Fig. 8 gehen NP' und das von P auf a gefällte Lot durch denselben Punkt der Achse.

Hier kann man auch die zur Achse senkrechten Linien n und ihren Fluchtpunkt N statt der Linien l oder r benutzen. Vor allem aber ist zu beachten, daß jeder zur Achse parallelen Geraden der Grundebene eine zur Achse parallele Gerade der Bildebene entspricht.

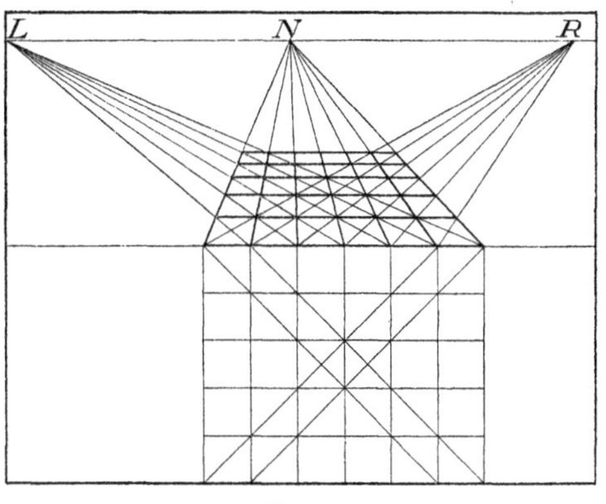

Fig. 10.

3. In γ ist eine reguläre sechseckige Teilung gegeben; man soll ihr Bild zeichnen. (Fig. 11.) Da die Sechseckteilung stets zwei bevorzugte Scharen paralleler Linien enthält, die

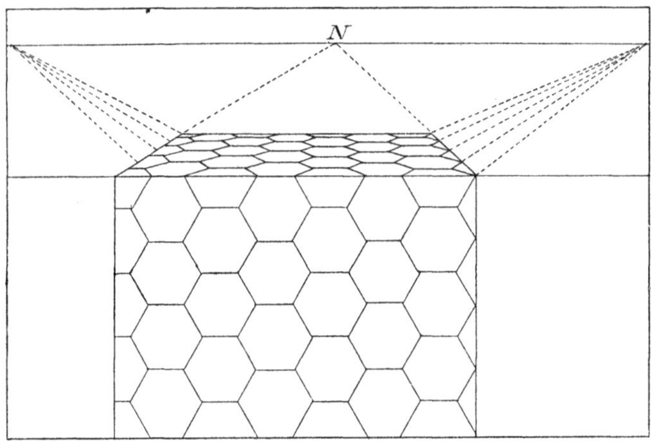

Fig. 11.

nicht zugleich der Achse parallel sind, wird man am besten tun, deren Fluchtpunkte als gegeben anzunehmen, und mit ihnen zu operieren, wie es Figur 11 erkennen läßt. Auch hier wird man von vornherein suchen, die Zeichnung öfters durch Überbestimmung zu kontrollieren, zumal wenn die Teilung Parallelen zur Achse enthält.

4. Analog kann man die Zeichnung anderer Figuren ausführen. Als Beispiele eignen sich besonders quadratische oder

rechteckige Teilungen, sowie irgendwelche mittels regelmäßiger Teilungen hergestellte Muster.

Ich schließe mit folgender Bemerkung. Bereits in § 1 wurde erwähnt, daß eine an der Hand der geometrischen Vorschriften ausgeführte Zeichnung erhebliche Ungenauigkeiten aufweisen kann. Die Quelle solcher Ungenauigkeiten liegt zum Teil darin, daß die zeichnerisch herzustellenden Punkte vielfach nur durch Vermittlung einer ganzen Reihe von Linien (Geraden oder Kreisen) gewonnen werden. Dadurch können sich die Fehler addieren. Sie können besonders dann sehr stark werden, wenn man Punkte als Schnittpunkte von Geraden bestimmt, die einen kleinen Winkel einschließen. Dies ist daher stets zu vermeiden.[1])

§ 4. Die Grundgesetze der perspektiven Beziehung.

Wir stellen uns jetzt die Aufgabe, den allgemeinen geometrischen Inhalt der vorstehenden Ausführungen in kürze zu entwickeln. Dazu lassen wir die Vorstellung fallen, daß die eine Ebene Grundebene, die andere Ebene Bildebene war, betrachten beide Ebenen als geometrisch gleichwertig und bezeichnen sie insofern durch ε und ε'. Zu ihnen fügen wir wieder einen außerhalb von ihnen liegenden Punkt S_0 (Fig. 12).

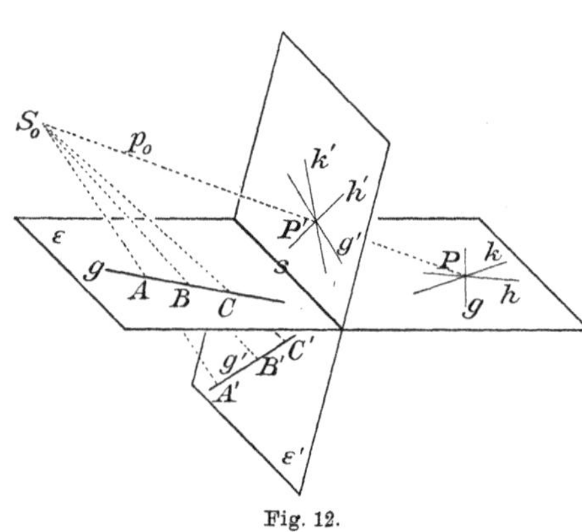

Fig. 12.

Ein durch den Punkt S_0 gelegter Strahl p_0 trifft die Ebenen ε und ε' in zwei Punkten, die wieder P und P' heißen sollen,

1) In neuerer Zeit hat man sich auch der Frage zugewandt, wie man eine Figur durch ein Minimum zeichnerischer Schritte (Anlegen des Lineals, Schlagen eines Kreises usw.) erhalten kann. Diese Untersuchungen, die wesentlich von E. Lemoine ausgehen, können ebenfalls zur Vereinfachung der Ausführung beitragen; vgl. seine Schrift: Géométrographie ou art des constructions géométriques. Paris 1902. Allerdings steht hier auch die Genauigkeit der Zeichnung in vorderster Linie.

ebenso wird eine durch S_0 gelegte Ebene γ_0 die Ebenen ε und ε' in je einer Geraden g und g' schneiden. Gemäß dem allgemeinen Sprachgebrauch der Geometrie ordnen wir die Punkte P und P' und ebenso die Geraden g und g' einander zu, nennen sie entsprechende Elemente beider Ebenen, und sagen, daß die Ebenen ε und ε' perspektiv aufeinander bezogen sind; den Punkt S_0 nennen wir das Zentrum der perspektiven Beziehung.

Die Schnittlinie der beiden Ebenen ε und ε' hat wieder die Eigenschaft, daß jeder ihrer Punkte sich selbst entspricht; sie heißt Perspektivitätsachse und soll jetzt durch $s = s'$ bezeichnet werden.

Aus unserer Definition ergibt sich gemäß den Erörterungen von § 1 unmittelbar die Richtigkeit des folgenden Grundgesetzes der perspektiven Beziehung:

I. Den Punkten $A, B, C, \ldots$ einer Geraden g entsprechen Punkte $A', B', C', \ldots$ der entsprechenden Geraden g', und den Geraden $g, h, k \ldots$, die durch einen Punkt P gehen, entsprechen Geraden $g', h', k' \ldots$, die durch den entsprechenden Punkt P' gehen.

Ferner ergibt sich weiter für je zwei entsprechende Geraden g und g' das Theorem:

II. Zwei entsprechende Geraden g und g' beider Ebenen schneiden sich auf der Perspektivitätsachse.

Der Beweis folgt unmittelbar aus dem grundlegenden Satz, daß der Scheitel einer dreiseitigen körperlichen Ecke zugleich Schnittpunkt ihrer drei Kanten ist. Ihn wenden wir auf die Ecke an, die von $\varepsilon, \varepsilon'$ und der Ebene γ_0 gebildet wird, die g und g' enthält und durch S_0 geht. Die Kanten dieser Ecke sind die Schnittlinien von je zweien dieser Ebenen, nämlich

$$s = (\varepsilon, \varepsilon'), \quad g = (\varepsilon, \gamma_0), \quad g' = (\varepsilon', \gamma_0)$$

mithin gehen s, g, g' in der Tat durch einen Punkt.

Auf derselben Tatsache beruht der Beweis eines weiteren Satzes, aus dem wir zwar erst später Nutzen ziehen werden, der aber schon hier eine Stelle finden möge.

Wir betrachten dazu eine dreiseitige Ecke mit dem Scheitel S_0, und fassen ihre Schnitte mit den Ebenen ε und ε' ins Auge (Fig. 13).[1]) Diese Schnitte sind zwei Dreiecke; ihre Seiten, die

1) Die Figur stellt zugleich die Durchdringung eines dreiseitigen Prismas und einer dreiseitigen Pyramide dar.

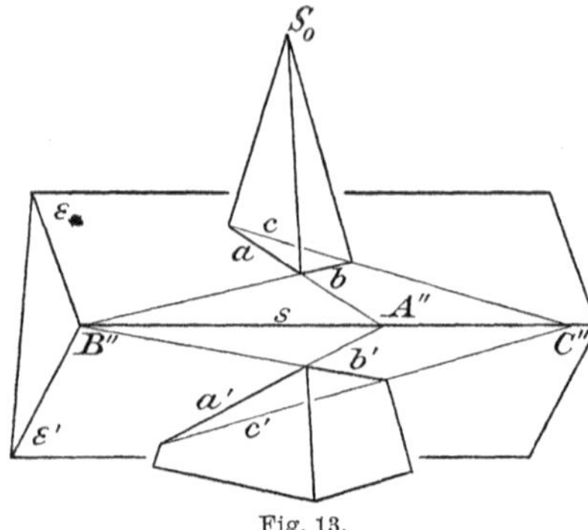

Fig. 13.

a, b, c und a', b', c' heißen sollen, bilden je ein Paar entsprechender Geraden von ε und ε'. Nach Satz II schneiden sich also je zwei entsprechende von ihnen in einem Punkte von s. Die drei Punkte

$$A'' = (a, a'), \quad B'' = (b, b'), \quad C'' = (c, c')$$

liegen daher auf der Geraden s. Dies ist unser Satz. Also folgt:

III. Satz des Desargues[1]): Werden aus einer dreiseitigen Ecke durch zwei Ebenen ε und ε' zwei Dreiecke ausgeschnitten, so treffen sich die entsprechenden Seiten dieser Dreiecke in Punkten, die auf einer Geraden liegen, und zwar auf der Schnittlinie von ε und ε'.

Der Satz und sein Beweis bleiben gültig, wenn der Punkt S_0 ins Unendliche rückt, also die Ecke in ein dreiseitiges Prisma übergeht. Dies folgt unmittelbar daraus, daß die Lage von S_0 für den Beweis in keiner Weise benutzt wird.

Für besondere durch den Punkt S_0 gehende Ebenen bestehen wieder Gesetze einfacher Art.[2]) Ich führe zunächst die folgenden an:

1. Eine zur Achse s senkrechte Ebene ν_0 schneidet die Ebenen ε und ε' in zwei ebenfalls zur Achse s senkrechten Geraden n und n'.

2. Eine zur Achse s parallele Ebene π_0 schneidet die Ebenen ε und ε' in zwei zueinander und zu s parallelen Geraden p und p'.

3. Für drei Punkte A, B, C einer solchen Geraden p und die entsprechenden Punkte A', B', C' von p' besteht die Relation

$$AB : BC : CA = A'B' : B'C' : C'A', \tag{1}$$

was sich ebenso ergibt wie die analoge Tatsache in § 2. Dem Halbierungspunkt einer Strecke von p entspricht also wieder der Halbierungspunkt.

1) Vgl. den Anhang, 4.

2) Auf weitere durch S_0 gehende Gerade und Ebenen besonderer Art kommen wir in § 6 ausführlicher zurück.

Ein besonderer Fall der perspektiven Lage tritt dann ein, wenn die Ebenen ε und ε' parallel sind. Dann sind je zwei entsprechende Geraden parallel, und je zwei entsprechende Figuren einander ähnlich. Ebenen dieser Art heißen ähnlich aufeinander bezogen.

§ 5. Die parallelperspektive Lage.

Rückt das Perspektivitätszentrum S_0 ins Unendliche, so werden alle projizierenden Strahlen einander parallel, und die Figuren der einen Ebene werden Parallelprojektionen von denen der anderen. In diesem Fall nennen wir die Ebenen ε und ε' parallelperspektiv aufeinander bezogen. Für diese Lage bestehen gewisse einfachere Beziehungen, die uns später nützlich sind, und die ich hier zunächst im Zusammenhang folgen lasse. Sie ergeben sich meist als unmittelbare Folgen bekannter Sätze über parallele Linien und Ebenen.

1. Parallelen Geraden der einen Ebene entsprechen parallele Geraden der anderen; einem Parallelogramm entspricht also wieder ein Parallelogramm.[1])

2. Die Relation 1) des vorigen Paragraphen gilt jetzt für je zwei entsprechende Geraden g und g' beider Ebenen; sind also A, B, C drei Punkte einer Geraden g, und A', B', C' ihre entsprechenden Punkte in ε', so ist stets

$$1)\qquad AB : BC : CA = A'B' : B'C' : C'A'.$$

Man kann diese Relation auch in die Form

$$2)\qquad \frac{A'B'}{AB} = \frac{B'C'}{BC} = \frac{C'A'}{CA} = \varrho$$

setzen; sie sagt dann aus, daß jede Strecke von g' das ϱfache der entsprechenden Strecke von g ist. Je nach dem Wert von ϱ erscheinen also die Strecken einer jeden Geraden von ε in ε' nach einem konstanten Verhältnis vergrößert oder verkleinert. Wir nennen ϱ den zugehörigen Proportionalitätsfaktor.

3. Der Proportionalitätsfaktor ϱ ist für die einzelnen Geraden im allgemeinen verschieden; für alle zueinander parallelen Geraden hat er den gleichen Wert. Sind

1) Die Ebenen, die zwei parallele Geraden von ε mit S_0 verbinden, sind nämlich in diesem Fall parallel und schneiden daher auch ε' in parallelen Geraden.

nämlich g und f zwei parallele Geraden von ε, und werden auf ihnen (Fig. 14)[1]) die Punktepaare AB und CD so angenommen, daß $ABCD$ ein Parallelogramm ist, so ist auch $A'B'C'D'$ ein Parallelogramm, also $A'B' = C'D'$, und daher auch

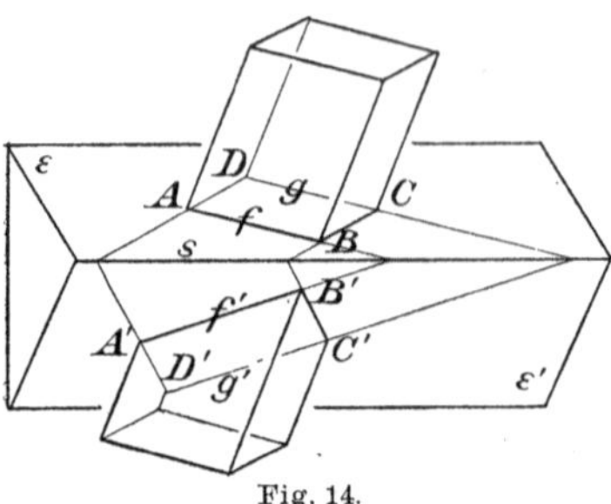

Fig. 14.

$$\frac{A'B'}{AB} = \frac{C'D'}{CD}.$$

4. Da in der Schnittlinie s von ε und ε' je zwei entsprechende Punkte vereinigt liegen, so hat der Proportionalitätsfaktor für s den Wert $\varrho = 1$. Nach 3. gilt dies also auch für jede zu s parallele Gerade.

5. Die Gesamtheit aller Strahlen, die durch zwei entsprechende Punkte P und P' gehen, nennen wir entsprechende Strahlenbüschel. Sind a, a' und b, b' zwei Paare entsprechender Strahlen, so werden die von ihnen gebildeten Winkel (ab) und $(a'b')$ im allgemeinen voneinander verschieden sein. Es liegt aber nahe zu fragen, ob diese Winkel für gewisse Strahlenpaare einander gleich sein können. Dies soll zu einem Teile beantwortet werden, und zwar beweisen wir folgenden Satz:

I. In zwei entsprechenden Strahlenbüscheln der beiden Ebenen ε und ε' gibt es stets ein Paar entsprechender rechtwinkliger Strahlen.

Dies ist zunächst für den Fall unmittelbar evident, daß die Richtung der projizierenden Strahlen auf einer der beiden Ebenen, z. B. auf ε' senkrecht steht, daß es sich also um eine Orthogonalprojektion (§ 1, II) handelt. In diesem Fall entsprechen sich nämlich sowohl die beiden Strahlen, die durch P und P' parallel zur Achse s laufen, wie auch diejenigen, die auf ihnen senkrecht stehen. Dies gilt auch dann noch, wenn die Richtung der projizierenden Strahlen in eine zu s senkrechte Ebene fällt, sonst aber beliebig ist. Immer sind in diesen Fällen die Geraden, die parallel und senkrecht

1) Die Figur enthält zugleich die Durchdringung eines dreiseitigen und eines vierseitigen Prismas. Diese ist also so zu zeichnen, daß Satz III von § 4 für jedes Paar entsprechender Geraden erfüllt ist. Vgl. auch § 14, Beispiel 4.

zu s durch P und P' gehen, entsprechende Geraden beider Ebenen und bilden daher entsprechende rechte Winkel.[1])

Wir haben den Beweis also nur noch für den Fall zu führen, daß die von P und P' auf s gefällten Lote keine entsprechenden Geraden sind. Dazu erinnere man sich, daß sich je zwei entsprechende Strahlen a und a' gemäß § 4, II auf der Achse s schneiden. Sind also (uv) und $(u'v')$ entsprechende rechte Winkel, so schneiden sich u und u' in einem Punkt U von s, und v und v' in einem Punkt V, und es sind UPV und $UP'V$ rechte Winkel. Man drehe nun (Fig. 15) die Ebene ε' um die Achse s in die Ebene ε hinein, so werden unserer obigen Annahme gemäß P und P' nicht auf einer zu s senkrechten Geraden liegen. Andererseits liegen P und P' auf dem Kreis mit dem Durchmesser UV. Damit sind aber U und V konstruierbar, nämlich als Schnittpunkte von s mit demjenigen eindeutig bestimmten Kreis, dessen Mittelpunkt M zugleich auf s und auf dem zu PP' gehörigen Mittellot liegt. Es folgt noch, daß wenn P' nicht auf P fällt, es nur ein solches Punktepaar U und V, also auch nur ein Paar entsprechender rechter Winkel mit P und P' als Scheiteln geben kann. Damit ist der Satz bewiesen.[2])

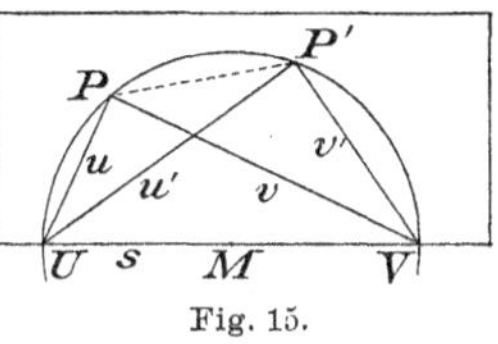

Fig. 15.

6. Um zwei gegebene Ebenen ε und ε' parallelperspektiv aufeinander zu beziehen, genügt es, einem beliebigen Punkt der einen Ebene einen beliebigen Punkt der anderen als entsprechend zuzuweisen; denn diese Punkte P und P' bestimmen durch ihre Verbindungslinie die Richtung der projizierenden Strahlen und damit die perspektive Beziehung. Damit ist zu jedem Punkt Q der Ebene ε der Bildpunkt Q' von ε' unmittelbar bestimmt und ebenso umgekehrt.

7. Wir wollen uns nun vorstellen, daß wir die Ebenen ε und ε' in andere Lagen bringen, aber das durch die perspektive Beziehung vermittelte Entsprechen der Punkte und Geraden bestehen lassen. Dann ist klar, daß die unter 1. bis 5. genannten Eigenschaften, da sie nur die in ε und ε' vorhandenen Strecken und Winkel betreffen, unverändert bestehen bleiben

1) Die Geraden, die durch P und P' parallel zu s laufen, sind übrigens stets entsprechende Geraden.

2) Fällt P auf P', so sind je zwei entsprechende Winkel beider Strahlenbüschel einander gleich.

Dagegen wird die ebengenannte Möglichkeit, zu einem Punkt Q der Ebene ε den Bildpunkt Q' von ε' zu konstruieren, hinfällig. Ihr Ersatz besteht in folgendem Theorem:

II. *Zu einem Punkt P der Ebene ε kann man den Bildpunkt P' zeichnerisch bestimmen, sobald* **drei** *Paare entsprechender Punkte A, B, C und A', B', C' bekannt sind.*

Zieht man nämlich (Fig. 16 und 17) durch P je eine Parallele zu den Seiten AB und AC, sind B_1 und C_1 ihre Schnittpunkte mit diesen Seiten, und B_1' und C_1' wieder deren Bildpunkte in ε', so hat man

$$AB_1 : B_1B = A'B_1' : B_1'B',$$
$$AC_1 : C_1C = A'C_1' : C_1'C'.$$

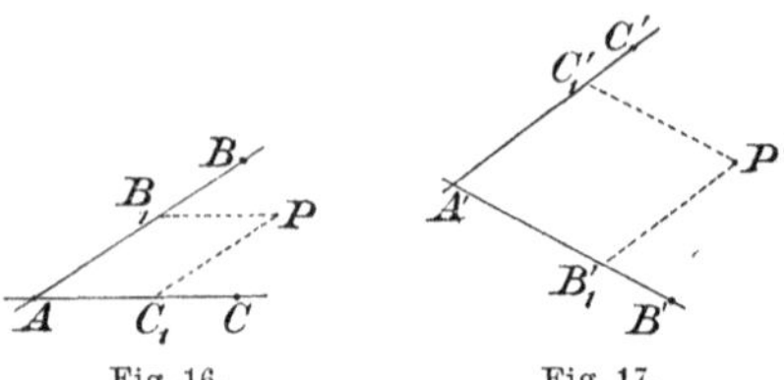

Fig. 16. Fig. 17.

Damit sind die Punkte B_1' und C_1' konstruktiv bestimmt. Man hat daher nur noch durch B_1' und C_1' je eine Parallele zu $A'C'$ und $A'B'$ zu ziehen, und erhält in ihrem Schnittpunkt den Punkt P'.[1])

8. Wichtig ist endlich noch, daß man zwei Ebenen ε und ε' in parallelperspektive Lage bringen kann, wenn man weiß, daß die unter 1. bis 5. genannten Eigenschaften für sie erfüllt sind; es reicht sogar schon die Kenntnis eines Teiles dieser Eigenschaften hin. Es besteht nämlich der Satz:

III. *Sind zwei Ebenen so aufeinander bezogen, daß für sie die unter 1. und 2. genannten Eigenschaften bestehen, und daß in ihnen mindestens ein Paar entsprechender Geraden existiert, für das der Proportionalitätsfaktor den Wert $\varrho = 1$ hat, so können sie in parallelperspektive Lage gebracht werden.*

Ist nämlich s und s' ein Geradenpaar, für das $\varrho = 1$ ist, so daß also für drei Paare seiner Punkte A, B, C und A', B', C' die Gleichungen

$$AB = A'B', \quad BC = B'C', \quad CA = C'A'$$

bestehen, so bringe man ε und ε' *irgendwie* in eine solche Lage (Fig. 18), daß s' auf s fällt, und A', B', C' auf A, B, C, was möglich ist. Dann ist, wie sich zeigen wird, die parallel-

1) Man kann offenbar irgend zwei entsprechende Seiten der Dreiecke ABC und $A'B'C$ zu diesem Zweck benutzen.

perspektive Lage bereits hergestellt. Ist nämlich a eine Gerade von ε, die durch den Punkt A von s geht, und sind $A_1, A_2, A_3 \ldots$ irgendwelche Punkte auf ihr, so geht auch a' durch A, und man hat überdies gemäß 2. die Relation

$$AA_1 : A_1A_2 : A_2A_3 \ldots = AA_1' : A_1'A_2' : A_2'A_3' \ldots$$

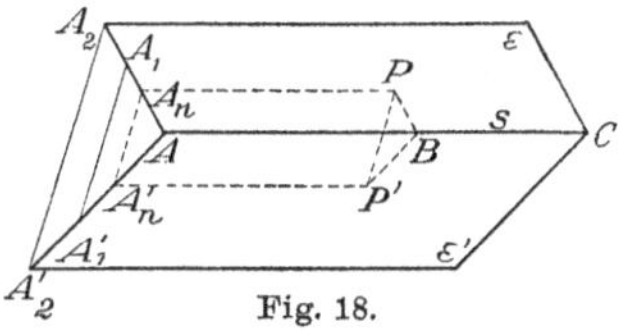

Fig. 18.

Daher bilden die Verbindungslinien A_1A_1', A_2A_2', $A_3A_3' \ldots$ ein Büschel paralleler Strahlen.

Denkt man sich nun die beiden Ebenen ε und ε' durch Strahlen der so bestimmten Richtung parallelperspektiv aufeinander bezogen, und bezeichnet den so zu einem jeden Punkt P zugeordneten Punkt zunächst durch P'', so ist nur noch zu zeigen, daß P'' mit P' identisch ist. Dazu verbinde man P mit einem Punkt B von s und einem Punkt A_n von a so, daß $PBAA_n$ ein Parallelogramm ist, dann ist nach Voraussetzung auch $P'BAA_n'$ ein Parallelogramm, und ebenso ist gemäß 1. $P''BAA_n''$ ein Parallelogramm. Da nun A_n' mit A_n'' identisch ist, so gilt dies auch für P' und P'', womit der Beweis erbracht ist.[1])

9. Hieraus folgern wir endlich noch, daß zwei Ebenen, denen die im Satz III vorausgesetzten Eigenschaften zukommen, auch alle übrigen in diesem Paragraphen genannten Eigenschaften besitzen.

§ 6. Die unendlichfernen Elemente.

Die Theorie der sogenannten unendlichfernen Elemente hat sich im Anschluß an die Lehre von der perspektiven Beziehung entwickelt. Wir werden daher ebenfalls diesen Weg einschlagen und gehen zu der in § 4 erörterten perspektiven Beziehung zurück. Naturgemäß soll es sich hier in erster Linie um eine systematische Darlegung handeln.

Sei p_0 ein zur Ebene ε paralleler Strahl des Strahlenbündels S_0, so ist er zu ε' nicht parallel und wird daher ε' in einem Punkt P' schneiden, während ein eigentlicher Schnittpunkt mit ε nicht vorhanden ist.[2]) Die in § 4 dargelegte

1) Vgl. den Anhang, 5.

2) Die Bezeichnung weicht in diesem Paragraph von der früheren ab.

Grundlage der perspektiven Beziehung, die jedem Punkt der einen Ebene einen Punkt der anderen zuordnet, erleidet also für den Strahl p_0 zunächst eine Ausnahme. Wir beseitigen sie, indem wir auch zwei parallelen Geraden einen und nur einen gemeinsamen Punkt beilegen; wir nennen ihn ihren unendlichfernen Punkt. Die Bedeutung und die Tragweite dieser Festsetzung erhellt aus folgendem.

Zunächst folgern wir, daß allen einander parallelen Geraden derselbe unendlichferne Punkt beizulegen ist. Ist nämlich G_∞ der gemeinsame Punkt zweier parallelen Geraden g und g_1, und ist auch g_2 zu g parallel, so haben unserer Festsetzung gemäß auch g und g_2 ihren unendlichfernen Punkt gemein, und da es für jede Gerade nur einen geben soll, so geht sowohl g_1 als auch g_2 durch G_∞ hindurch.

Nun denke man sich in der Ebene ε irgendeine Gerade p gezogen, die zu dem oben angenommenen Strahl p_0 parallel ist, so haben auch diese beiden Geraden ihren unendlichfernen Punkt gemein; es geht also p_0 durch den unendlichfernen Punkt P_∞ von p hindurch. Die obenerwähnte Ausnahmestellung des Strahles p_0 ist damit beseitigt; er hat jetzt mit ε und ε' je einen Punkt gemein, nämlich P' und P_∞, und ordnet auch diese Punkte einander zu.

Übrigens ist, was zu bemerken ist, der zu P' so zugeordnete Punkt P_∞ davon unabhängig, welche zu p_0 parallele Gerade von ε wir zu seiner Definition benutzen; in der Tat gehen alle diese Geraden durch denselben Punkt P_∞ hindurch.

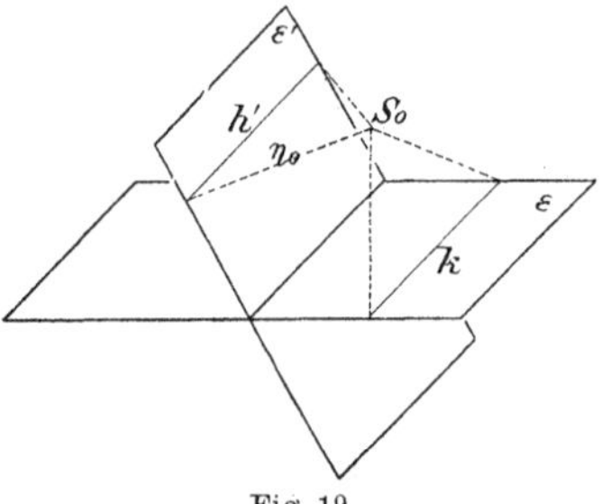

Fig. 19.

Sei nun wieder (Fig. 19) η_0 diejenige durch S_0 gehende Ebene, die zu ε parallel ist, so wird sie ε' in einer Geraden h' schneiden, während eine Schnittlinie mit ε zunächst fehlt. Um diese Ausnahme zu beseitigen, legen wir auch den Ebenen ε und η_0 eine ihnen gemeinsame Gerade bei, die wir ihre unendlichferne Gerade nennen und durch h_∞ bezeichnen. Wie oben, folgern wir zunächst wieder, daß alle zueinander parallelen Ebenen dieselbe unendlichferne Gerade enthalten.

Wesentlich ist weiter, daß die so eingeführte unendlichferne Gerade h_∞ die allgemeine Eigenschaft besitzt, die einer

Schnittlinie zweier Ebenen zukommt, daß sie nämlich Ort aller in ε enthaltenen unendlichfernen Punkte ist. Falls nämlich wieder p irgendeine Gerade von ε ist, und p_0 der durch S_0 gehende zu p parallele Strahl, so liegt p_0 in η_0, und daher gehört der Punkt P_∞, den p_0 mit ε gemein hat, zu den Punkten, die η_0 mit ε gemein hat; er ist also in der Tat ein Punkt von h_∞. Der Schnittpunkt P' von p_0 mit ε' liegt aus demselben Grund auf h'. In Übereinstimmung mit § 2 bezeichnen wir h' als die Fluchtlinie von ε'.

Ebenso kann man in der Ebene ε' eine unendlichferne Gerade k'_∞ definieren; sie entspricht der Geraden k von ε, in der ε von der zu ε' parallelen durch S_0 laufenden Ebene geschnitten wird, und die die Fluchtlinie von ε darstellt.

Man folgert endlich noch unmittelbar den folgenden Satz:

I. Bei parallelperspektiver Beziehung zweier Ebenen ε und ε' entspricht dem unendlichfernen Punkt einer Geraden g von ε der unendlichferne Punkt ihrer Bildgeraden in ε', und der unendlichfernen Geraden von ε die unendlichferne Gerade von ε'.

Die so eingeführten unendlichfernen Punkte und Geraden bezeichnet man auch als uneigentliche Elemente.

Ihre allgemeine Bedeutung ist die, daß sie für die Geometrie eine ähnliche Rolle spielen, wie die irrationalen oder komplexen Zahlen für die Arithmetik. Sie verbürgen die Ausnahmslosigkeit der Grundgesetze und bewirken dadurch die Abgeschlossenheit des Lehrgebäudes. Ich will dies für die einfacheren grundlegenden Sätze hier ausführen.[1])

Beschränken wir uns auf eine Ebene, so gelten jetzt für sie ausnahmslos die folgenden Sätze:

1. Zwei Geraden bestimmen einen Punkt, nämlich ihren Schnittpunkt, und 2. zwei Punkte bestimmen eine Gerade, nämlich ihre Verbindungsgerade.

Sind nämlich im ersten Fall beide Geraden eigentliche Geraden, so haben sie entweder einen endlichen oder einen unendlichen Punkt gemein; ist aber eine der beiden Geraden uneigentlich, so hat sie mit der eigentlichen Geraden deren unendlichfernen Punkt gemein.

Sind zweitens von den Punkten beide eigentlich, so bestimmen sie eine eigentliche Gerade, und ebenso erhellt, daß

1) Vgl. den Anhang, 6.

zwei uneigentliche Punkte die unendlichferne Gerade als Verbindungslinie bestimmen. Ist endlich der eine Punkt ein eigentlicher Punkt P, und der andere ein uneigentlicher Punkt Q_∞, so ist dieser seiner Definition gemäß der unendlichferne Punkt einer Geraden q bestimmter Richtung, und die durch P zu q gezogene Parallele ist die Verbindungslinie beider Punkte. Die Grundgesetze bleiben also in der Tat für die uneigentlichen Punkte und Geraden in Kraft. Hiermit ist zugleich die Berechtigung ihrer Einführung nachgewiesen. Zugleich erfährt so das in § 1 aufgestellte zeichnerische Grundgesetz eine nachträgliche Motivierung.

In ähnlicher Weise kann man auch für den Raum uneigentliche Elemente definieren und die Permanenz der Grundgesetze für sie darlegen. Ich beschränke mich auf die Angabe der grundlegenden Festsetzungen. Diese sind:

1. Alle zueinander parallelen Geraden haben einen und denselben uneigentlichen Punkt miteinander gemein, nämlich ihren unendlichfernen.

2. Alle zueinander parallelen Ebenen haben eine und dieselbe uneigentliche Gerade miteinander gemein, nämlich ihre unendlichferne.

3. Alle zu einer Geraden parallelen Ebenen enthalten den unendlichfernen Punkt dieser Geraden.

4. Alle die Geraden und Ebenen, die gemäß den Sätzen 1. und 3. durch einen unendlichfernen Punkt hindurchgehen, hat man als die sämtlichen Strahlen und Ebenen eines Strahlenbündels anzusehen, dessen Scheitel S_0 sich ins Unendliche entfernt hat. Die Parallelperspektive erscheint also auch bei dieser Betrachtung als derjenige Spezialfall der allgemeinen Perspektive, bei dem der Scheitel ins Unendliche gerückt ist.

5. Die Gesamtheit aller unendlichfernen Punkte und Geraden des Raumes hat man als die unendlichferne Ebene des Raumes einzuführen.[1])

§ 7. Anwendung auf einige zeichnerische Aufgaben.

Für die folgenden Zwecke denken wir uns die Ebene ε wieder horizontal und ε' vertikal, und fassen zunächst die Achse, die Fluchtlinien und die unendlichfernen Geraden

1) Vgl. den Anhang, 7.

ins Auge. Sie bilden drei Paare entsprechender Geraden, nämlich (Fig. 20)

$$1.\ h_\infty,\ h',\quad 2.\ s = s' \quad \text{und} \quad 3.\ k,\ k'_\infty.$$

Diese Geraden teilen die Ebenen ε und ε' in drei entsprechende Teile, die wir durch I, II, III und I', II', III', bezeichnen wollen. Wir denken uns nun, daß eine Figur Σ' sich in der Ebene ε' bewegt, und betrachten die Bewegung der entsprechenden Figur Σ in ε. Sobald die Figur Σ' die Fluchtlinie h' erreicht, wird sich die entsprechende Figur Σ in ε zunächst bis ins Unendliche dehnen, und wenn Σ' die Fluchtlinie h' überschreitet, also aus dem Teil I' in den Teil III' übertritt, wird Σ das Unendliche durchsetzen und ebenfalls teils zu I teils zu II gehören, also scheinbar in zwei getrennte Stücke zerfallen. Die Permanenz der Gesetze, die wir für beide Ebenen zugrunde legen, führt uns aber dazu, auch die Figur der Ebene ε **durch das Unendliche hindurch als zusammenhängend** zu betrachten. Dies ist nichts anderes als was wir in § 6 für die Gerade g einführten; auch sie soll im Punkte G_∞ ebenso zusammenhängen, wie die Bildgerade g' im Fluchtpunkt G[1]. Hiervon wollen wir nun einige Anwendungen machen.

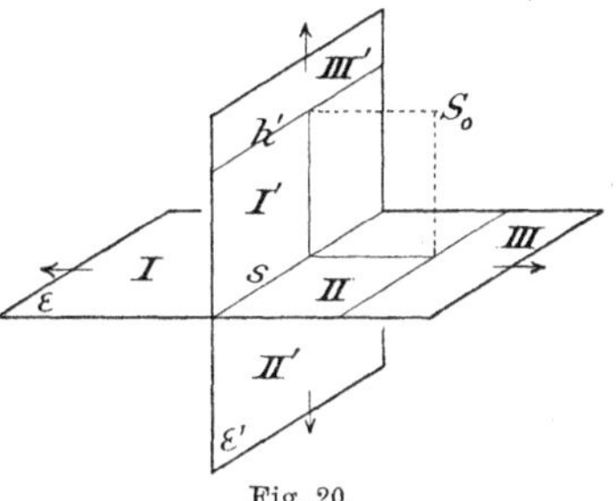

Fig. 20.

Sei zunächst K' ein im Gebiet II' von ε' enthaltener **Kreis**, so wird ihm in der Ebene ε eine im Gebiet II enthaltene **Ellipse** entsprechen; die sämtlichen Strahlen, die den Punkt S_0 mit den Punkten von K' verbinden, bilden nämlich einen Kegel zweiter Ordnung, und sein Schnitt mit der Ebene ε stellt die ebengenannte Ellipse dar[2]. Wenn wir jetzt den Kreis K' so annehmen, daß er die Fluchtlinie h' berührt, so wird die in ε gelegene Ellipse in eine **Parabel** übergehen, und wenn K' die Fluchtlinie h' kreuzt, so erhalten wir in ε eine **Hyperbel**.

1) Die zueinander parallelen Geraden g, g_1, g_2 ... von ε bezeichnet man deshalb auch als **Parallelstrahlenbüschel** und nennt G_∞ seinen **Scheitel**. Die ihnen entsprechenden Geraden bilden in ε' einen gewöhnlichen Strahlenbüschel mit dem Scheitel G.

2) Ich setze als bekannt voraus, daß jeder Kegel, der durch Projektion eines Kreises vom Punkte S_0 aus entsteht, durch eine Ebene in einer Kurve zweiter Ordnung geschnitten wird.

Wir haben uns also vorzustellen, daß auch Parabel und Hyperbel geschlossene Kurven sind, daß die Parabel von der unendlich fernen Geraden berührt wird, und daß die beiden Äste der Hyperbel im Unendlichen zusammenhängen. Die Einheitlichkeit der Auffassung wird hierdurch außerordentlich gesteigert. Überhaupt besteht der allgemeine Nutzen der perspektiven Betrachtung darin, daß wir lernen, in den verschiedenen Einzelfällen das Gleichbleibende und Unveränderliche zu erkennen und die Einzelfälle zu einer höheren Einheit zusammenzufassen.

Es leuchtet ohne weiteres ein, daß wir die vorstehenden Tatsachen benutzen können, um analog zu § 3 Ellipsen, Parabeln und Hyperbeln zeichnerisch herzustellen; nur tritt für die praktische Ausführung eine kleine Modifikation ein. Wir wollen nämlich, wie eben geschehen ist, den gegebenen Gegenstand in der Ebene ε' liegend annehmen, und in ε die ihm entsprechende Figur herstellen. Dabei gehen wir wieder so zu Werke, daß wir die Ebene ε um die Achse s in die Zeichnungsebene ε' hineingedreht denken, haben aber nun, um zu einem Punkt P' von ε' den ihm entsprechenden Punkt P von ε zu finden, die in § 3 angegebene Vorschrift in umgekehrter Reihenfolge auszuführen. Sind also jetzt (Figur 8, S. 9) P', L und R gegeben, so ziehen wir zunächst $l' = LP'$ und $r' = LR'$, bestimmen die Schnittpunkte mit s, und ziehen durch sie unter 45^0 die Geraden l und r, die in ihrem Schnittpunkt den Punkt P liefern. In dieser Weise sind die folgenden Figuren gezeichnet worden.

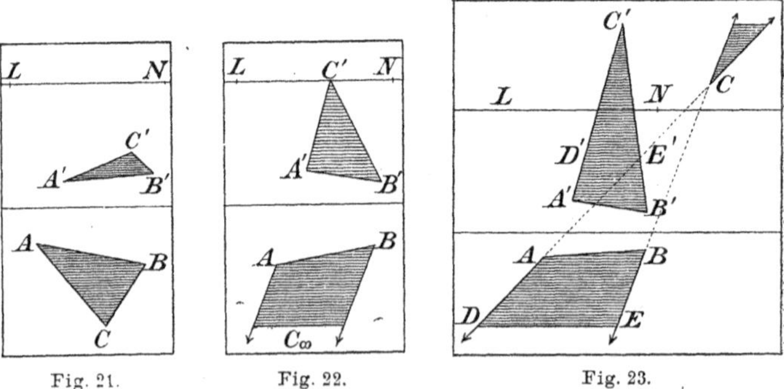

Fig. 21. Fig. 22. Fig. 23.

Die Figuren 21, 22 und 23 enthalten die dem Dreiecke $A'B'C'$ entsprechenden Dreiecke ABC der Ebene ε. Sie entstehen unmittelbar, indem man zu $A'B'C'$ in der ebengenannten

Art die Bildpunkte konstruiert[1]). In Fig. 22 liegt eine seiner Ecken im Unendlichen, in Fig. 23 zieht sich die Dreiecksfläche mit der Spitze C durch das Unendliche hindurch; man zeichnet es am besten so, daß man auf $A'C'$ und $B'C'$ je einen Punkt D' und E' beliebig auswählt und deren Bilder D und E konstruiert. Damit sind die Richtungen von AC und BC bestimmt.

Ich schließe mit einigen Winken, die die Zeichnung von Ellipse, Parabel und Hyperbel betreffen. Die Zeichnung kann zunächst in der Weise erfolgen, daß man zu einer Reihe von Punkten des Kreises die ihnen in ε entsprechenden Punkte konstruiert, und die diese Punkte verbindende Kurvenlinie annäherungsweise herstellt. Um ein möglichst gutes Kurvenbild zu erhalten, können folgende Hinweise dienen (Fig. 24):

1. Den beiden zur Achse parallelen Tangenten p' und p_1' des Kreises entsprechen zwei zur Achse parallele Tangenten p und p_1 des Kegelschnitts; sollte der Kreis die Fluchtlinie h' berühren, so daß der Kegelschnitt eine Parabel ist, so ist eine dieser Kegelschnitttangenten die unendlichferne Gerade.

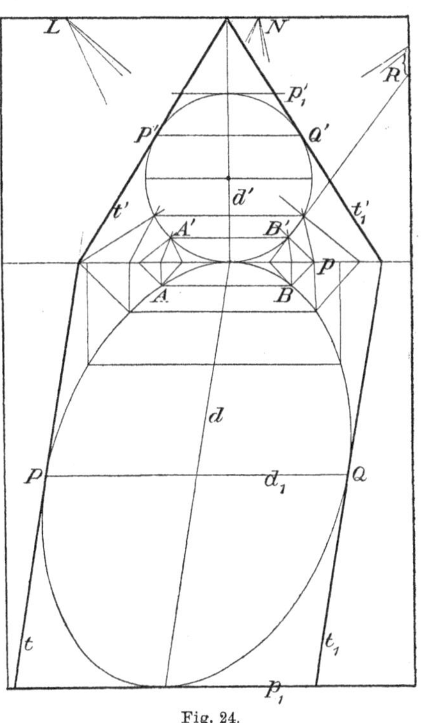

Fig. 24.

2. Dem Kreisdurchmesser d', der die Berührungspunkte der ebengenannten Tangenten enthält, entspricht deshalb ein Durchmesser d des Kegelschnitts.

3. Einer Sehne $A'B'$ des Kreises, die auf diesem Durchmesser d senkrecht steht, entspricht gemäß § 4 eine Sehne AB des Kegelschnitts, die durch den Durchmesser d halbiert wird.

1) Die Hilfslinien sind in den Figuren nachträglich wieder getilgt worden. Übrigens sind auch die nicht sichtbaren Punkte R für die Zeichnung benutzt worden.

4. Ist der Kegelschnitt eine Ellipse, so erhält man den zu d konjugierten Durchmesser d_1 und die zu d parallelen Tangenten t und t_1 der Ellipse wie folgt. Da t und t_1 unter sich und mit d parallel sind, so schneiden sich die entsprechenden Tangenten t' und t_1' des Kreises auf der Fluchtlinie h' und gehen insbesondere durch den Schnitt von h' und d'. Diese beiden Kreistangenten sind aber in ε' leicht konstruierbar. Man hat daher nur die ihnen in ε entsprechenden Geraden zu bestimmen, und auf ihnen noch die Punkte P und Q, die den Berührungspunkten P' und Q' der Kreistangenten entsprechen.

5. Ist der Kegelschnitt eine Hyperbel, und sind E' und F' die Punkte, in denen der Kreis K' die Fluchtlinie kreuzt, so entsprechen den Kreistangenten in E' und F' die Asymptoten der Hyperbel.

Eine zweite Methode besteht darin, die Kurven als Enveloppen ihrer Tangenten aufzufassen, und zu einer Reihe von Kreistangenten die Bildgeraden zu zeichnen. In allen Fällen wird man übrigens auf die Symmetrie der Figuren in erster Linie bedacht sein und alle Vorteile benutzen, die aus ihr fließen (vgl. § 3, 5).[1])

§ 8. Die allgemeinen Gesetze der ebenen Darstellung räumlicher Figuren.

Die allgemeinen Gesetze und Vorschriften von § 1 gelten ihrer Ableitung nach auch für die zeichnerische Darstellung beliebiger räumlicher Figuren. Wir werden daher auch im Raum Punkte und Geraden als die einfachsten Gebilde betrachten, mit denen wir zeichnerisch operieren, stellen den Punkt wieder als Schnitt zweier durch ihn gehender Geraden und die Gerade als Verbindungslinie zweier ihrer Punkte, insbesondere von Spur und Fluchtpunkt dar, und suchen zunächst wieder solche Geraden, denen besonders einfache zeichnerische Eigenschaften zukommen. Die Bildebene β denken wir uns nach wie vor vertikal. Unter den horizontalen Ebenen des Raumes wählen wir eine aus, die den Fußboden darstellen soll, und die wir die Grundebene γ nennen; ihre Schnittlinie mit der

1) Es ist sehr zu empfehlen, die Zeichnung von Parabel und Hyperbel selbst auszuführen, sowohl nach der ersten, wie nach der zweiten Methode. Man kann übrigens auch beide Methoden verbinden.

Bildebene heiße wieder Grundlinie und werde durch a bezeichnet. Die Gerade von β, die die Fluchtpunkte aller in der Grundebene liegenden Geraden enthält, nennen wir wieder den Horizont h; er hat die gleiche allgemeine Bedeutung wie in § 2. Insbesondere behalten auch die Punkte N, L, R ihre in § 2 dargelegte theoretische und praktische Bedeutung. Zusammen mit der Grundlinie a sind sie diejenigen in der Zeichnungsebene β enthaltenen geometrischen Elemente, die die Lage des Auges zum Bild und zur Grundebene festlegen, und zwar ebenso wie in § 2.

Als zeichnerisch ausgezeichnete Geraden können wir — abgesehen von den Geraden l und r — solche betrachten, die zu einer der beiden Ebenen β und γ parallel oder senkrecht verlaufen. Über sie gilt folgendes[1]):

1. Der Fluchtpunkt einer zu γ parallelen Geraden g liegt auf dem Horizont h. Denn in γ gibt es eine zu g parallele Gerade g_1, und gemäß § 6 haben alle zueinander parallelen Geraden denselben unendlichfernen Punkt, also auch denselben Fluchtpunkt.

2. Ist p eine Gerade, die zu β parallel ist, so ist die Bildgerade p' zu p parallel. Dies folgt unmittelbar daraus, daß p und p' in einer durch S_0 gehenden Ebene π_0 liegen, und ihr gemeinsamer Punkt auch gemeinsamer Punkt von β und p ist.

Für zwei solche Geraden p und p' gelten daher auch die Sätze 1. und 2. von § 2; sie bestehen ja für je zwei entsprechende parallele Geraden. Für solche Geraden geht also der Halbierungspunkt wieder in den Halbierungspunkt über.

Ist p insbesondere horizontal, so ist auch p' horizontal; horizontale Linien, die zur Bildebene parallel sind, bleiben also auch im Bilde horizontal.

3. Sei v eine Gerade, die auf γ senkrecht steht. Eine solche Gerade ist zu β parallel, und damit steht gemäß 2. auch die Bildgerade v' auf γ senkrecht. Dies ist aber, da v' in β liegt, nur so möglich, daß v' auf der Grundlinie a' senkrecht steht. Jeder Geraden v entspricht also eine zu a senkrechte Gerade v'; vertikale Linien bleiben also auch im Bilde vertikal. In der Tat erscheint alles Vertikale dem Auge ebenfalls vertikal.

1) Man vergleiche die Figuren 5 bis 8.

4. Sei endlich n eine zu β senkrechte Gerade. Sie ist alsdann zu γ parallel und eine Gerade der ersten Gattung, hat aber noch einige besondere Eigenschaften. Zunächst ist ihr Fluchtpunkt der Augenpunkt N. Ihr Spurpunkt N' spielt ebenfalls die Rolle eines ausgezeichneten Punktes; sein Abstand von der Grundlinie bestimmt nämlich unmittelbar die Höhe der Geraden n über der Grundebene (Fig. 25); er liegt also über, auf oder unter dem Horizont h, je nachdem die Gerade n über, auf oder unter der Augenebene η_0 liegt[1]).

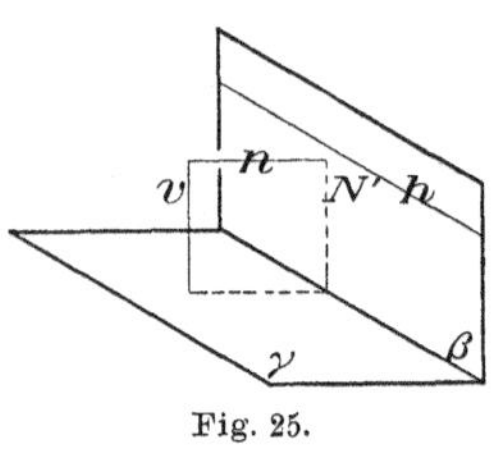

Fig. 25.

5. Eine besondere Rolle spielen endlich auch diejenigen Geraden des Raumes, die durch S_0 gehen. Allen ihren Punkten entspricht auf β derselbe Punkt, nämlich ihr Durchdringungspunkt mit β. Fragt man nun, was diese Geraden zeichnerisch bedeuten, so ist die Antwort sehr leicht. Sie sind sozusagen verbotene Gebilde. Man wird sich bei der Betrachtung eines Körpers kaum so stellen, daß Geraden des Körpers als Punkte erscheinen; man wird daher auch für die Zeichnung die Stellung des Auges nicht so wählen, daß dies eintritt.[2])

Liegt der Punkt S_0 im Unendlichen, haben wir es also mit einer Parallelprojektion zu tun, so kommen noch einige weitere einfache Eigenschaften hinzu.

Erstens besteht jetzt für je drei Punkte A, B, C einer jeden Geraden und ihre Bildpunkte die Relation 2) von § 2, also

$$AB : BC : CA = A'B' : B'C' : C'A',$$

und es geht der Halbierungspunkt in den Halbierungspunkt über; handelt es sich insbesondere um eine zur Bildebene parallele Gerade p, so geht die Proportionalität in Gleichheit über. Jede zu β parallele Strecke ist also ihrem Bilde gleich.

Sind zweitens g und g_1 parallele Geraden, so sind auch ihre Bildgeraden in β einander parallel, was eines Beweises nicht bedarf.

Auf diesen Tatsachen beruht die leichtere Herstellbarkeit und damit auch die Bevorzugung der Bilder, die nach den

1) Die Geraden p, v, n stellen drei zueinander senkrechte Richtungen dar, was ebenfalls ihre bevorzugte Benutzung erklärt.

2) Für Darstellungen, die nur die Bedeutung konstruktiver Hilfsmittel besitzen, geschieht dies allerdings doch. Vgl. § 12.

Methoden der Parallelprojektion hergestellt werden. Ihre zeichnerische Zweckmäßigkeit liegt, wie in § 1 erwähnt wurde, darin, daß es dem Auge besonders leicht wird, sich auf unendliche Sehweite einzustellen. Es ist sehr zu empfehlen, bei der Betrachtung der Parallelprojektionen dem Auge diese Einstellung zu geben; man wird dann leicht den Eindruck der Körperlichkeit erhalten. (Vgl. auch S. 59 Anm. 2.)

§ 9. Die zeichnerische Darstellung der räumlichen Figuren.

Um das ebene Bild einer räumlichen Figur Σ zeichnerisch herzustellen, denken wir uns zunächst wieder die Bildebene β durch Drehung um die Achse in die Grundebene γ hineingedreht, in derselben Weise wie in § 3; auch nehmen wir wieder die Grundlinie a, sowie die Distanzpunkte L und R als gegeben an. Alle in § 2 und 3 abgeleiteten Regeln und Sätze bleiben dann unmittelbar für denjenigen Teil der Figur Σ bestehen, der in der Grundebene γ enthalten ist. Also folgt als erstes Resultat:

I. Diejenige Teilfigur von Σ, die in der Grundebene enthalten ist, ist nach den Vorschriften von § 3 zeichnerisch bestimmbar.

Da die Grundebene γ in § 8 beliebig gewählt werden konnte, überträgt sich dies sofort auf jede horizontale Ebene, vorausgesetzt, daß man mit ihr ebenso operiert, wie mit der Grundebene γ. Dazu ist offenbar notwendig und hinreichend, daß die Schnittlinie dieser Ebene mit β (und selbstverständlich die in ihr enthaltene Teilfigur) bekannt ist. Nennen wir sie ihre Spur, so folgt:

II. Jede in einer horizontalen Ebene liegende Teilfigur von Σ kann gemäß § 3 gezeichnet werden, sobald ihre Spur in β bekannt ist.

Diese Spur ist eine horizontale Gerade; sie ist daher bestimmt, sobald man einen ihrer Punkte kennt. Einen solchen Punkt stellt z. B. der Durchdringungspunkt einer in ihr liegenden Geraden mit der Bildebene β dar.

Beachten wir noch, daß jede Vertikale des Gegenstandes Σ gemäß § 8 im Bilde vertikal bleibt, so können wir bereits einfachere Beispiele erledigen. Ein solches bilden die nebenstehend gezeichneten Würfel (Fig. 26), von denen zwei bis an die Bildebene heranreichen. Die in der Bildebene liegenden Flächen $ABCD$ und $BCFE$ stellen sich daher in ihrer natürlichen Größe dar. Die Ecken S, T, U, V des oberen Würfels sollen in die Mitten der Quadrate fallen, auf denen er steht.

In Anlehnung an § 3 (Fig. 10) können wir die Zeichnung in diesem Fall sogar direkt ausführen, ohne die in der Grundebene und den andern Horizontalebenen vorhandenen Teilfiguren zu benutzen. Wir zeichnen zunächst das der Grundebene entsprechende Bild in der gleichen Weise wie bei Figur 10.[1]) Gemäß Satz II verfahren wir dann ebenso mit der Ebene, die die Bildebene in der Geraden DCF schneidet. Wir verbinden also die Punkte C, D, F mit L, N und R, ziehen durch die Schnittpunkte die Parallelen zur Achse, und erhalten so das Bild der oberen vier Würfelflächen; übrigens kann man für ihre Zeichnung auch den Umstand benutzen, daß je zwei Punkte der oberen und der unteren Flächen auf einer Vertikalen liegen.[2]) Da die Mitten S, T, U, V dieser Würfelflächen zugleich vier Ecken des obersten Würfels sind, hat man nur noch dessen obere Fläche $WXYZ$ zu zeichnen. Deren Ecken liegen zunächst wieder auf den durch S, T, U, V gehenden Vertikalen. Wir bestimmen nun noch die Bildgeraden der in dieser Fläche enthaltenen Diagonalen WY und XZ, deren Fluchtpunkte R und L sind. Dazu sind nur ihre Spuren P und Q zu ermitteln; wir erhalten sie unmittelbar, indem wir die Kanten AD und EF um sich selbst bis P und Q verlängern. Die so bestimmten Geraden liefern in ihrem Schnitt mit den eben genannten Vertikalen bereits die Punkte W, X, Z und Y. Eine Überbestimmung liegt darin, daß W, X und Z, Y auf je einer Parallelen zur Achse liegen.

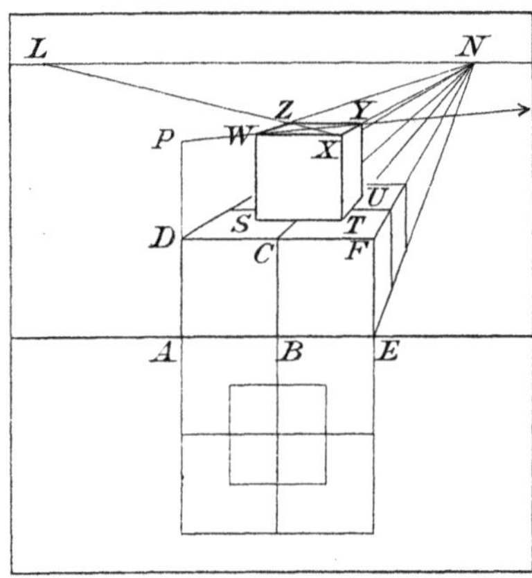

Fig. 26.

1) Die nicht sichtbaren Linien sind nachträglich getilgt worden.

2) Zur Kontrolle der Zeichnung wird man dies immer benutzen; vgl. § 3, 5.

Ähnlich kann man auch eine Reihe von Würfeln zeichnen, die so hinter einander liegen, daß ihre Grundflächen ein Rechteck bilden.

Wir erörtern nun die allgemeine Frage, wie wir das Bild P' eines gegebenen Raumpunktes P in β zu zeichnen haben. Dies kann offenbar auf verschiedene Art geschehen, je nach der Wahl der Geraden, als deren Schnitt wir ihn betrachten. Drei Fälle wollen wir besonders hervorheben:

1. Zunächst betrachten wir ihn als Schnittpunkt einer zu γ senkrechten Geraden v und einer zu β senkrechten Geraden n (Fig. 27). Sei P_1 der Schnitt von v mit γ, P_2 der von n mit β, und $P_1 P_0$ das von P_1 auf die Grundlinie gefällte Lot, so bilden die vier Punkte $P P_1 P_0 P_2$ ein Rechteck, und es ist

1) $$PP_1 = P_2 P_0.$$

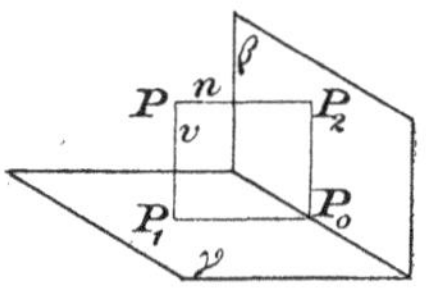

Fig. 27.

Diese einfache Tatsache läßt uns leicht erkennen, daß wir die Bildgeraden v' und n' und damit auch den Bildpunkt P' von P zeichnen können, sobald uns seine Projektion P_1 und die Höhe PP_1 gegeben sind (Fig. 28). Die Bildgerade v' ist nämlich erstens senkrecht zur Grundlinie a (nach § 8) und zweitens geht sie durch den Bildpunkt P_1' von P_1, der gemäß I bestimmbar ist; sie ist also selbst zeichnerisch bestimmt. Ferner geht die Gerade n' erstens durch den Augenpunkt N und zweitens durch den Punkt P_2, der ihr Durchdringungspunkt mit β ist, und infolge der Relation 1) ebenfalls zeichnerisch bestimmt ist. Damit ist die Behauptung bewiesen. Wir erhalten also folgende Konstruktionsvorschrift.

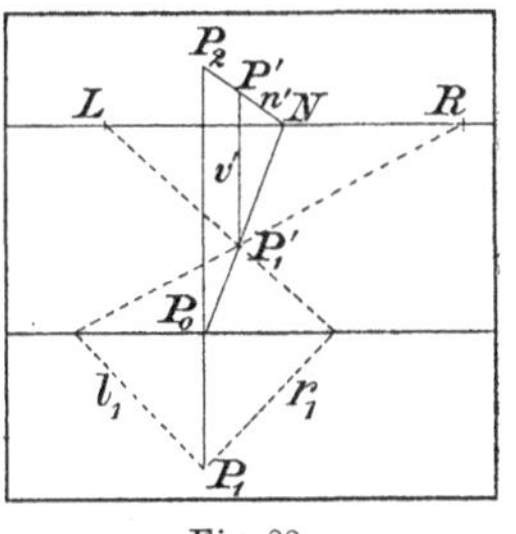

Fig. 28.

III. Um das Bild eines Punktes P zu zeichnen, dessen Projektion P_1 in der Grundebene und dessen Höhe PP_1 über der Grundebene bekannt sind, zeichne man gemäß § 3 den Bildpunkt P_1' von P_1, ziehe durch P_1' die Gerade v' senkrecht zur Grundlinie, bestimme auf dem von P_1 auf die Grundlinie gefällten Lot $P_1 P_0$ den Punkt P_2, so daß $P_0 P_2 = PP_1$ ist, und verbinde endlich P_2 mit dem Augenpunkt N, so schneidet diese Verbindungslinie n' die Gerade v' im Bildpunkt P'.

Ein Beispiel einfachster Art ist das folgende. Eine quadratische Säule von gegebener Höhe zu zeichnen, deren Grundfläche in der Grundebene liegt (Fig. 29). Sei $ABCD$ die untere und $EFGH$ die obere Fläche unserer Säule; wir wollen sie so annehmen, daß AB der Achse parallel laufe. Wir zeichnen dann gemäß § 3 das Bild $A'B'C'D'$, errichten in A' eine Vertikale v', fällen von A das Lot AA_0 auf die Achse, verlängern es um die gegebene Höhe bis A_2, verbinden A_2 mit dem Augenpunkt N, und erhalten im Schnitt dieser Verbindungslinie mit v' den Bildpunkt E'. Ebenso kann man die Punkte F', G' und H' zeichnen. Man beachte zugleich, daß $E'F'$ und $G'H'$ zur Achse parallel sind; man kann also G' und H' einfacher als Schnitt dieser Parallelen mit den in C' und D' errichteten Vertikalen finden[1]).

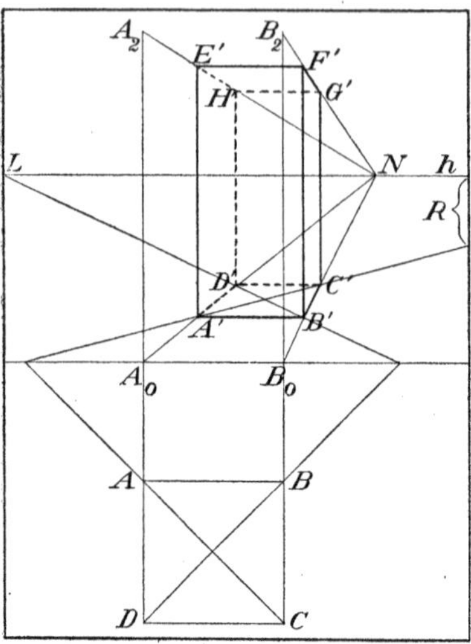

Fig. 29.

2. Enthält die Figur Σ Scharen von parallelen horizontalen Geraden, die nicht auf der Bildebene β senkrecht stehen, so liegt es nahe, sie in der gleichen Weise zu benutzen, wie die Geraden n; analog zu dem, was wir am Schluß von § 2 ausgeführt haben. In der Tat läßt sich die obige Regel ohne weiteres auf alle Richtungen verallgemeinern, die zur Grundebene parallel sind. Man betrachte also jetzt (Fig. 30) den Punkt P als Schnittpunkt einer Geraden v mit einer zur Grundebene parallelen Geraden f; P_1 sei wieder der Schnitt von v mit γ, und F_2 derjenige von f mit β. Zieht man nun in γ durch P_1 eine zu f parallele Gerade f_1 und nennt ihren Schnitt mit der Grundlinie F_0, so ist $PP_1F_0F_2$ wieder ein Rechteck, also $PP_1 = F_2F_0$. Alles übrige ergibt sich wie oben. Mithin ergibt sich folgende Regel (Fig. 31).

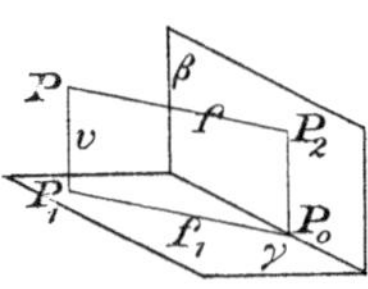

Fig. 30.

1) Man kann auch F' selbst so zeichnen; der Genauigkeit halber wird man aber auch mit $B'N$ operieren.

IV. Ist der Fluchtpunkt F einer zur Grundebene parallelen Geraden f bekannt, so kann man das Bild eines Punktes P, dessen Projektion P_1 in der Grundebene und dessen Höhe PP_1 über der Grundebene bekannt sind, wie folgt konstruieren. Man zeichne gemäß § 3 den Bildpunkt P_1' von P_1, ziehe durch P_1' die Gerade v' senkrecht zur Grundlinie und durch P_1 eine zu f' parallele Gerade f_1, errichte in ihrem Schnittpunkt F_0 mit der Grundlinie ein Lot F_0F_2 gleich P_1P, und verbinde F_2 mit dem Fluchtpunkt F von f, so schneidet diese Verbindungslinie die Gerade v' im Bildpunkte P'.

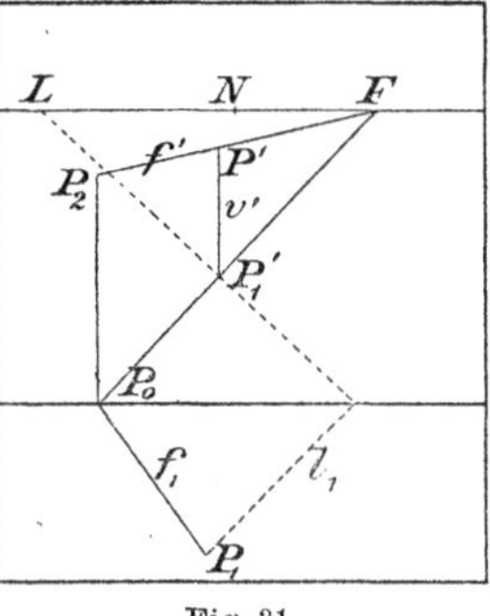

Fig. 31.

3. Eine dritte oft brauchbare Regel erhalten wir folgendermaßen. Sei e eine zweite horizontale Gerade, deren Fluchtpunkt E bekannt ist, so gilt das vorstehende auch für sie. Die beiden zu f und e zugehörigen Punkte F_2 und E_2 liegen daher auf einer zur Grundlinie parallelen Geraden, und zwar stellt diese Gerade den Durchschnitt von β mit der Ebene dar, die durch P parallel zur Grundebene verläuft. Daraus folgt sofort (Fig. 32):

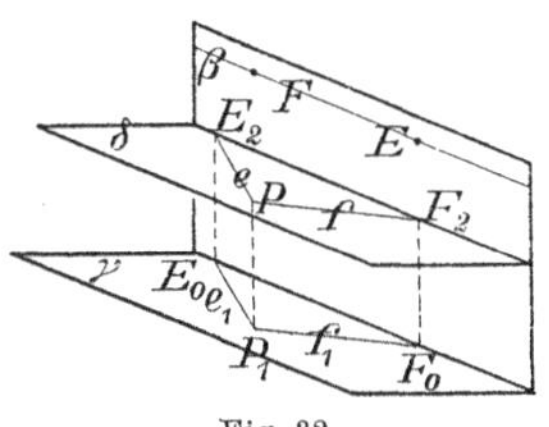

Fig. 32.

V. Kennt man die Spur d einer zur Grundebene parallelen Ebene δ mit der Bildebene β, sowie die Fluchtpunkte E und F zweier horizontalen Richtungen e und f, so kann man das Bild eines Punktes P von δ, dessen Projektion P_1 in der Grundebene bekannt ist, folgendermaßen zeichnen. Man ziehe durch P_1 je eine zu e und f parallele Gerade, bestimme ihre Schnittpunkte E_0 und F_0 mit der Grundlinie, errichte in ihnen die Lote E_0E_2 und F_0F_2 bis zum Schnitt mit der Spur d, verbinde E_2 mit E und F_2 mit F, und erhält im Schnittpunkt dieser Verbindungslinien den Bildpunkt P'.

Diesen Satz wird man besonders dann mit Vorteil anwenden, wenn es sich um die Zeichnung einer in der Ebene δ enthaltenen Teilfigur von Σ handelt. Man sieht leicht, daß die Art, in der wir die Figur 26 herstellten, bereits der in ihm enthaltenen Regel entspricht. Übrigens dienen die verschiedenen Möglichkeiten, die den Sätzen I, II, III entsprechen, der stets notwendigen zeichnerischen Überbestimmung.

In dieser Weise wollen wir folgende Aufgaben behandeln.

1. Einen parallelepipedischen Kasten darzustellen, dessen Grundfläche $ABCD$ in der Grundebene enthalten ist; $A_1B_1C_1D_1$ sei die obere zu $ABCD$ kongruente Fläche. (Figur 33.)

Man nehme die Fluchtpunkte E und F der Geraden $AB = e$ und $AC = f$ willkürlich an, und zeichne mit ihnen zunächst wieder das Bild $A'B'C'D'$ von $ABCD$. Dann er-

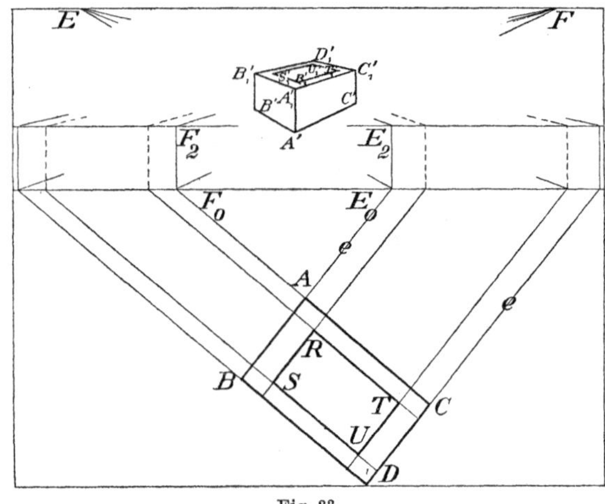

Fig. 33.

richte man in den Punkten, in denen die Seiten von $ABCD$ die Grundlinie schneiden, Vertikalen gleicher Länge (die die Kastenhöhe darstellt), und verbinde ihre Endpunkte mit den Fluchtpunkten E und F, so ergibt sich unmittelbar das Bild der oberen Fläche $A_1B_1C_1D_1$ des Kastens. Eine Überbestimmung besteht darin, daß die Kanten $A'A_1'$, $B'B_1'$, $C'C_1'$ und $D'D_1'$, vertikal sind.

Wird nun noch innerhalb $ABCD$ das Rechteck $RSTU$ gezeichnet, so kann man in gleicher Weise das Bild $R_1'S_1'T_1'U_1'$ der oberen Fläche und die von ihm nach unten gehenden inneren Kanten zeichnen.

2. Einen auf der Grundfläche stehenden Tisch zu zeichnen. Auch hier wird am einfachsten mit den Fluchtpunkten der Tischkanten operiert; die Ausführung selbst ist aus der Figur unmittelbar zu entnehmen (Fig. 34).

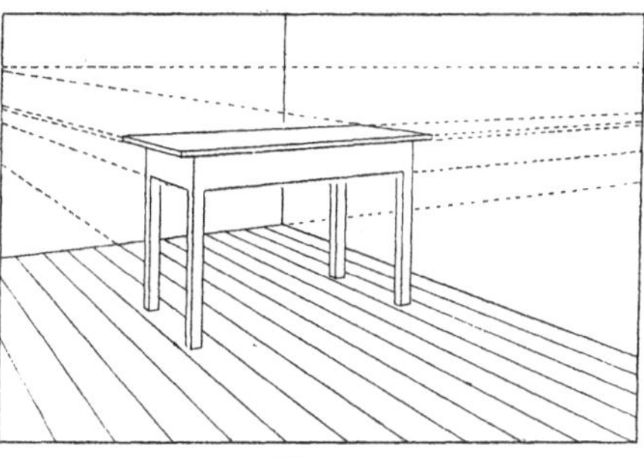

Fig. 34.

3. Ähnlich zeichnet man auch einige nebeneinanderstehende sechseckige Säulen gegebener Höhe. Hier können zunächst die Fluchtpunkte zweier Sechseckseiten willkürlich gewählt werden.

Für alle diese Figuren hat man die in § 3 angegebenen Bemerkungen über die Kontrolle der Zeichnung zu beachten.[1])

§ 10. Herstellung der Bilder aus Grundriß und Aufriß.

Zur Darstellung weniger einfacher Raumfiguren reichen die vorstehenden Methoden nicht mehr aus; hierzu bedürfen wir neuer Hilfsmittel. Zu diesem Zweck müssen wir der Frage näher treten, wie man überhaupt eine Raumfigur Σ durch zeichnerische Daten, die in der Zeichnungsebene enthalten sind, in ihrer räumlichen Lage und Gestalt bestimmen kann; denn andere als zeichnerische Bestimmungsarten kommen für uns nicht in Frage.

Dies geschieht durch Grundriß und Aufriß. Ähnlich wie in der analytischen Geometrie gehen wir von zwei zueinander senkrechten Koordinatenebenen aus, auf die wir alle Punkte des Raumes der Lage nach beziehen. Sind P_1 und P_2 die Projektionen von P in diesen Ebenen (vgl. Fig. 27, S. 31), so ist P eindeutig bestimmt, wenn die Lage von P_1 und P_2 gegeben ist, und zwar als Schnittpunkt der beiden in P_1 und P_2 auf diesen Ebenen errichteten Lote. Die Ebenen sollen Projektionsebenen heißen und durch π_1 und π_2 bezeichnet werden. Die eine denken wir uns wieder horizontal und nennen sie Grundrißebene oder erste Projektionsebene, die andere, die vertikal ist, nennen wir Aufrißebene oder zweite Projektionsebene. Ihre Schnittlinie nennen wir wieder Achse und bezeichnen sie durch a. Wird jeder Punkt und jede Gerade einer Raumfigur Σ auf diese beiden Ebenen orthogonal

1) Die Reihenfolge, in der man die einzelnen Punkte und Geraden des Bildes erhält, ist stets Sache des Zeichners, bedarf also, um die Zeichnung möglichst zu kürzen, in jedem Fall besonderer Erwägung.

projiziert, so entsteht in der Grundrißebene der **Grundriß** oder die Grundrißprojektion, in der Aufrißebene der **Aufriß** oder die Aufrißprojektion. Die Grundebene γ und die Bildebene β stellen ein Paar solcher Ebenen dar.

Da Grundriß und Aufriß Parallelprojektionen sind, so gelten für sie alle Sätze, die wir am Schluß von § 8 für solche Projektionen abgeleitet haben. Sie können daher auch selbst als geometrische Bilder räumlicher Objekte gelten, und kommen auch vielmals als solche in Betracht. Hier soll jedoch wesentlich nur ihre Verwendung für die zeichnerische Herstellung des perspektivischen Bildes in der Bildebene β erörtert werden.

Wir denken uns dazu in gewohnter Weise die Grundrißebene um die Achse in die Aufrißebene umgelegt, und leiten zunächst eine elementare, aber grundlegende Eigenschaft für die so entstehende Figur ab. Sie beruht darauf, daß die Ebene der drei Punkte PP_1P_2 auf der Achse a senkrecht steht; ist also P_0 ihr Schnitt mit a, so ist $PP_1P_0P_2$ ein Rechteck. Bei der Umlegung der Grundrißebene bleibt daher P_0P_2 zur Achse senkrecht, und es fallen deshalb P_1, P_0, P_2 nach erfolgter Umlegung in eine Gerade (Fig. 35); d. h.:

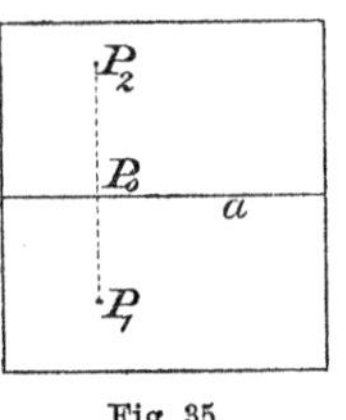

Fig. 35.

I. Die Verbindungslinie der beiden Projektionen P_1 und P_2 schneidet die Achse a senkrecht.[1]

Liegt P insbesondere in der Grundrißebene, so ist P mit P_1 identisch, während P_2 auf P_0 fällt; ebenso fällt P_1 in P_0, falls P in der Aufrißebene liegt, also mit P_2 identisch ist.[2]

1) Diese Verbindungslinie pflegt meist punktiert gezeichnet zu werden. Vgl. die Anm. auf S. 44.

2) Für unsere Zwecke kommen nur solche Raumfiguren Σ in Betracht, die sich vom Auge aus hinter der Bildebene und über der Grundebene befinden; die Lage von P_1 und P_2 ist alsdann immer so, daß P_1 unter und P_2 über der Achse liegt. Läßt man allgemeinere Lagen von Σ zu, so können auch P_1 und P_2 andere Lagen in der Zeichnungsebene annehmen. Dies bleibt aber hier außer Betracht; für die dadurch bedingten Verhältnisse muß ich auf die ausführlicheren Lehrbücher verweisen. Dort pflegt man sich den Gegenstand im allgemeinen vor der Aufrißebene stehend zu denken, nimmt die Grundrißebene als Zeichnungsebene und legt die Aufrißebene in die Grundrißebene um. Alsdann sind diejenigen Teile des Gegenstandes im Aufriß stark zu zeichnen, die von der Aufrißebene den größten Abstand haben; vgl. den Schluß von § 10.

In den einfachsten Fällen kann die Herstellung von Grundriß und Aufriß ohne weiteres ausgeführt werden. Dies zeigen folgende Beispiele:

1. Grundriß und Aufriß einer quadratischen Pyramide zu zeichnen, deren Grundfläche in der Grundebene steht. Der Grundriß besteht (Fig. 36) aus dem Quadrat $A_1 B_1 C_1 D_1$ und seinen sich in O_1 schneidenden Diagonalen, die die ersten Projektionen der Kanten darstellen. Im Aufriß fallen A_2, B_2, C_2, D_2 in die Achse, während die Spitze O_2 auf der durch O_1 gehenden Vertikalen beliebig angenommen werden kann.

2. Grundriß und Aufriß eines regulären Oktaeders so zu zeichnen (Fig. 37), daß eine Hauptdiagonale auf der Grundrißebene senkrecht steht. Sei $ABCDEF$ das Oktaeder und AF diese Hauptdiagonale.

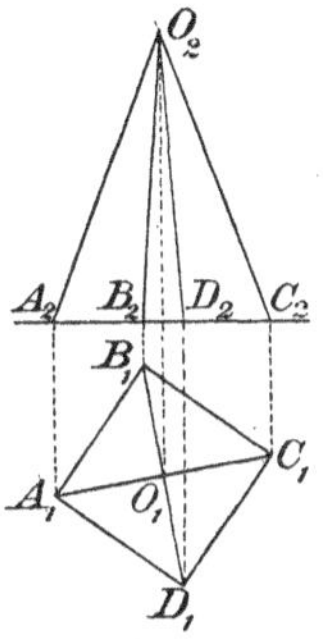

Fig. 36. 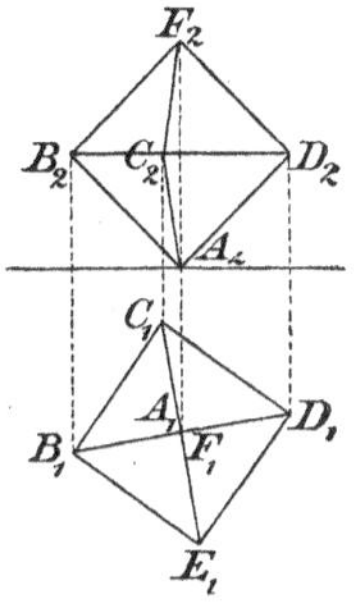 Fig. 37.

Wir können das Oktaeder als eine Doppelpyramide mit der Grundfläche $BCDE$ und der Höhe AF betrachten und erkennen sofort, daß der Grundriß aus dem zu $BCDE$ kongruenten Quadrat $B_1 C_1 D_1 E_1$ und seinen Diagonalen besteht; im Mittelpunkt des Quadrates fallen A_1 und F_1 zusammen. Die Lage von $B_1 C_1 D_1 E_1$ in der Grundebene wählen wir beliebig.

Um die Aufrißprojektion zu zeichnen, wollen wir zunächst festsetzen, daß der Punkt A in der Grundebene enthalten ist; dann fällt A_2 auf die Achse a. Da die Höhe AF zur Aufrißebene parallel ist, so ist $A_2 F_2 = AF$; damit ist auch der Punkt F_2 bestimmt. Endlich fallen die Projektionen B_2, C_2, D_2, E_2 sämtlich in eine zur Achse a parallele Gerade, die $A_2 F_2$ halbiert.[1])

3. Ein Parallelepipedon beliebiger Stellung in Grundriß und Aufriß zu zeichnen.

Wir haben zunächst zu überlegen, wie man die räumliche Lage eines Parallelepipedons überhaupt festlegt. Man kann dazu einen Punkt A des Raumes und drei von ihm ausgehende Kanten AB, AC, AD beliebig annehmen; aus ihnen entsteht

1) Die von E ausgehenden Kanten sind nicht gezeichnet, sie sind unsichtbar. Dies wirkt stärker räumlich als die Figur 36.

das Parallelepipedon durch bloßes Ziehen von Parallelen. Handelt es sich also nur darum, irgendein Parallelepipedon zu zeichnen — und dies soll hier der Fall sein — so kann man (Fig. 38) die Projektionen A_1, B_1, C_1, D_1 und A_2, B_2, C_2, D_2 beliebig wählen (naturgemäß in Übereinstimmung mit Satz I); die Projektionen der übrigen Punkte ergeben sich aus ihnen durch Ziehen der noch fehlenden Parallelen, wie die Figur es erkennen läßt.

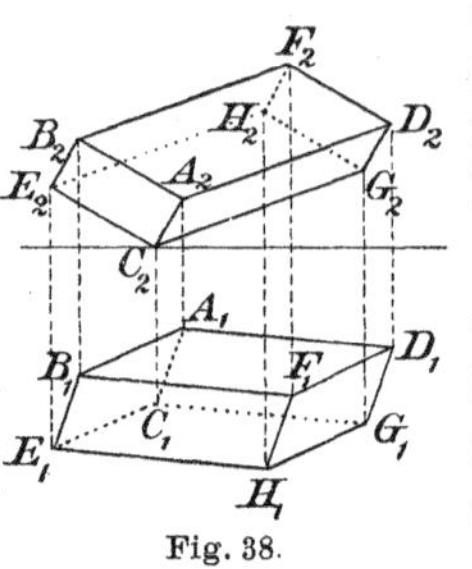

Fig. 38.

Um nun aus Grundriß und Aufriß in der Ebene β das Bild Σ' einer Raumfigur Σ zu zeichnen, treffen wir zunächst die naheliegende Festsetzung, daß die Bildebene β zugleich als Aufrißebene und die Grundebene γ als Grundrißebene betrachtet werden sollen. Grundlinie, Horizont und Distanzpunkte betrachten wir wieder als gegeben. Ferner genügt es, die Herstellung des Bildpunktes P' für einen beliebigen Punkt P zu leisten, und zwar naturgemäß wieder unter der Voraussetzung, daß wir die Grundrißebene in die Aufrißebene hineingedreht haben. Die Aufgabe, die zu lösen ist, ist also die, aus dem in der Zeichnungsebene gegebenen Grundrißpunkt P_1 und dem ebenso gegebenen Aufrißpunkt P_2 den Bildpunkt P' zu finden. Hierzu hat man sich aber nur zu vergegenwärtigen, daß die Lote PP_1 und PP_2 eine Gerade v und eine Gerade n im Sinne von § 9 darstellen (Fig. 26), und daß die hier benutzten Punkte P_1 und P_2 mit den dort eingeführten identisch sind. Infolgedessen überträgt sich auch die dort unter III gegebene Regel auf den vorliegenden Fall; sie vereinfacht sich noch dadurch, daß hier der Punkt P_2 bereits bekannt ist. Also folgt (Fig. 27).

II. Um aus der Grundrißprojektion P_1 und der Aufrißprojektion P_2 eines Punktes P den in der Aufrißebene liegenden Bildpunkt P' zu erhalten, zeichne man zunächst gemäß § 3 den Bildpunkt P_1' von P_1, ziehe durch ihn eine Vertikale und verbinde P_2 mit dem Augenpunkt N, so ist der Schnittpunkt beider Geraden der Punkt P'.

Einen zweiten nützlichen Satz erhalten wir, indem wir an den Satz V von § 9 anknüpfen. Er betrifft die Zeichnung einer Figur $PQ\ldots$, die in einer zur Grundebene parallelen Ebene γ'

enthalten ist, und fließt unmittelbar aus der Erwägung, daß die dort benutzte Spur d der Ebene γ' diejenige Gerade ist, auf der die Aufrißprojektionen P_2, $Q_2 \ldots$ liegen. Sind also wieder E und F die Fluchtpunkte zweier horizontalen Richtungen e und f, so folgt für die Konstruktion der Bilder solcher Punkte folgende Regel:

III. Durch die Grundrißprojektionen P_1, $Q_1 \ldots$ der Punkte P, $Q \ldots$ lege man je eine Gerade e und f, wie in § 9, übertrage deren Schnittpunkte mit der Achse a lotrecht auf die Gerade, die die Aufrißprojektionen P_2, $Q_2 \ldots$ enthält, und verbinde die so entstehenden Punkte mit den Fluchtpunkten E und F, so liefern diese Geraden in ihren bezüglichen Schnittpunkten die Bildpunkte P', $Q' \ldots$

Als Beispiel behandeln wir die Zeichnung einer geraden Pyramide mit quadratischer Grundfläche und quadratischem Sockel; die Grundfläche falle in die Grundrißebene γ.

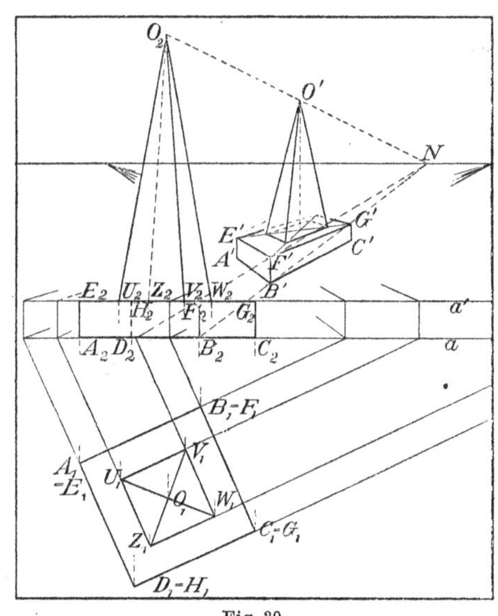

Fig. 39.

Sei $ABCD$ die Grundfläche und $EFGH$ die obere Fläche des Sockels, $UVWZ$ die untere Fläche der Pyramide und O ihre Spitze. Dann besteht der Grundriß (Fig. 39) aus den beiden ineinander liegenden Quadraten $A_1 B_1 C_1 D_1$ und $U_1 V_1 W_1 Z_1$, und den Diagonalen des inneren, und zwar ist $A_1 B_1 C_1 D_1$ zugleich die Grundrißprojektion des Quadrats $EFGH$. Die Lage dieser Quadrate in der Grundrißebene haben wir beliebig gewählt; man beachte aber, daß damit die Stellung der Pyramide zur Bildebene festgelegt ist. Der Aufriß ergibt sich unmittelbar auf Grund davon, daß die zweiten Projektionen der Quadrate in je eine zur Achse a parallele Gerade fallen; die

Höhe des Sockels und der Pyramide haben wir beliebig angenommen[1]).

Um nun das Bild der Pyramide in der Bildebene β zu zeichnen, nehme man den Horizont h und die Fluchtpunkte E und F der Quadratseiten beliebig an[2]), und konstruiere zunächst das Bild $A'B'C'D'$ der Grundfläche $ABCD$ gemäß § 3. Dann zeichne man gemäß dem vorstehenden Satz II die Punkte E', F', G', H' und ebenso die Punkte U', V', W', Z'. Den Punkt O' haben wir jedoch mittels des Augenpunktes N gemäß Satz I konstruiert. Diesen müssen wir aber erst bestimmen. Wir erhalten ihn z. B. als Fluchtpunkt der Geraden $B_1 B_2$, indem wir also $B_2 B'$ mit dem Horizont h zum Schnitt bringen. Die von ihm ausgehende Gerade NF_2 liefert für ihn eine Überbestimmung.[3])

Analog hat man zu verfahren, wenn man das perspektivische Bild zu den Figuren 37 und 38 zeichnen will.[4]) Im Fall des Parallelepipedons kann man die Konstruktion auch dadurch etwas kürzen, daß man zunächst die Bilder zweier parallelen Geraden, z. B. diejenigen von AB und CE, bestimmt; man erhält dann ihren Fluchtpunkt und kann ihn für die Zeichnung der anderen ihnen parallelen Geraden benutzen. Ist z. B. das Bild D' des Punktes D gefunden, und soll der Bildpunkt F' gezeichnet werden, so hat man nur den Bildpunkt F_1' von F_1 gemäß § 3 zu zeichnen, in ihm eine Vertikale zu errichten und dann den Punkt D' mit dem genannten Fluchtpunkt zu verbinden, so stellt der Schnitt der Vertikalen mit dieser Verbindungslinie den Punkt F' dar.[5])

Ich schließe mit einigen zeichnerischen Bemerkungen.

1. Erstens kann man fragen, welche der obigen Zeichnungsvorschriften in den einzelnen Fällen am besten anzuwenden ist. Hierauf kann, wie auch sonst in der Kunst, eine allgemeine Antwort nicht gegeben werden. Jeder wird so zeichnen, wie

1) Sind sie gegeben, so beachte man, daß sie sich in der Aufrißebene gemäß § 5 in ihrer natürlichen Größe darstellen.

2) Erst nachträglich bemerke ich, daß die Buchstaben E und F doppelt vorkommen. Auch steht die Pyramide wegen Platzmangel der Bildebene zu nahe, um einen guten Eindruck hervorzubringen.

3) Die Figur würde besser sein, wenn die Pyramide nicht — aus Platzmangel — der Bildebene zu nahe stände.

4) Es empfiehlt sich, die Bilder zu den Figuren 35 und 36 selbst zu zeichnen.

5) Vgl. den Anhang, 8.

es ihm am bequemsten scheint und am geläufigsten ist; auch wird man zweckmäßig mit Überbestimmungen operieren.

2. In den Figuren 36, 37 und 38 sind einige Linien stark, einige nur gestrichelt oder überhaupt nicht gezeichnet. Die ersten sollen den Kanten entsprechen, die man sieht, die anderen denen, die durch die Körper selbst verdeckt sind, vorausgesetzt, daß man sie als undurchsichtig betrachtet. Dies geschieht, damit man die räumliche Stellung der dargestellten Gegenstände möglichst leicht und sicher beurteilen kann. Welche Linien stark oder gestrichelt zu zeichnen sind, hängt davon ab, wo sich der Gegenstand Σ und das Auge des Beschauers befinden.

Da sich der Punkt S_0, für den das in der Aufrißebene entstehende perspektivische Bild hergestellt wird, vor der Aufrißebene befindet, und der Gegenstand Σ hinter der Aufrißebene, so wird man von S_0 aus diejenigen Punkte des Gegenstandes Σ sehen können, die der Aufrißebene am nächsten liegen; dies sind diejenigen, deren Grundrißprojektionen von der Achse den kleinsten Abstand haben.[1]) Sie sollen auch im Aufriß stark gezeichnet werden. Alle Teile des Gegenstandes, die für das perspektivische Bild sichtbar sind, sind daher aus dem Aufriß unmittelbar zu entnehmen.[2])

Dies ist an den einzelnen Figuren leicht zu erkennen. Beispielsweise ist in Fig. 38 der Punkt A derjenige, dessen Grundrißprojektion den kleinsten Wert hat; er liegt deshalb der Aufrißebene am nächsten, und die von ihm ausgehenden Kanten AB, AC, AD nebst den durch sie bestimmten Flächen sind von S_0 aus sichtbar. Sie sind daher stark gezeichnet. Dagegen ist der Punkt H nebst den von ihm ausgehenden Kanten durch den Körper verdeckt. Ebenso ist in Fig. 37 C die Ecke, die man von S_0 aus sieht, während E verdeckt ist.[3])

Was den Grundriß betrifft, so zeichnen wir ihn immer so, daß wir den Gegenstand von oben betrachten; es sind also diejenigen Teile des Gegenstandes sichtbar, die am weitesten von der Grundrißebene entfernt sind, deren Aufrißprojektionen

---

1) Man beachte, daß die Figuren durch Hineindrehen der Grundrißebene in die Aufrißebene entstehen.

2) Da sich der Zeichner ebenfalls vor resp. über der Aufrißebene befindet, sind dies zugleich diejenigen, die er selbst sieht.

3) Um Grundriß und Aufriß als gute körperliche Bilder aufzufassen, hat man das Auge auf unendliche Sehweite einzustellen. Vgl. S. 59 Anm. 2.

also den größten Abstand von der Achse haben. In Fig. 38 sind dies die von dem Punkt F ausgehenden Kanten und die durch sie bestimmten Flächen.

§ 11. Punkt, Gerade und Ebene in Grundriß und Aufriß.

Die Eigenschaften von Grundriß und Aufriß, die hier zu erörtern sind, betreffen wesentlich die in der Zeichnungsebene vorhandene Gesamtfigur, die sich durch Umlegen der einen Ebene in die andere ergibt. Sie sind dadurch bedingt, daß Grundriß und Aufriß als Projektionen einer und derselben Raumfigur Σ nicht unabhängig voneinander sind. Sie sind durchaus elementarer Natur. Nur insofern haftet ihnen eine gewisse Schwierigkeit an, als man genötigt ist, bald die tatsächliche Lage der Figur Σ zu den Projektionsebenen, bald die in der Zeichnungsebene vorhandene Gesamtfigur in Betracht zu ziehen und miteinander zu vergleichen; vielfach hat man von der einen zur anderen überzugehen und von den Eigenschaften der einen auf die der anderen zu schließen. Es ist dringend zu empfehlen, sich neben dem zeichnerischen Bilde stets auch die Lage der zugehörigen Figur Σ vorzustellen, bis man den Übergang von dem einem zum anderen leicht ausführen kann.

Ich beginne mit Punkt, Gerade und Ebene und ihren gegenseitigen Beziehungen. Zweierlei kommt hier in Betracht. Erstens sind die Eigenschaften der einzelnen Figuren zu entwickeln; zweitens kann es sich darum handeln, Zeichnungen und Konstruktionen für gegebene geometrische Gebilde herzustellen.

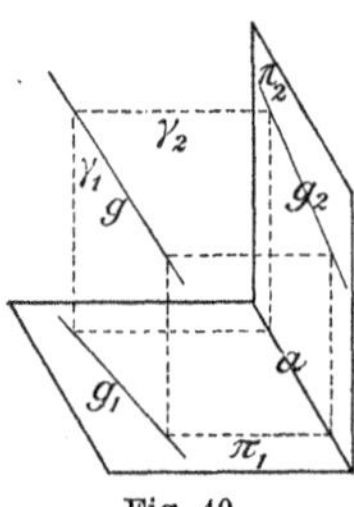

Fig. 40.

1. Die Gerade. Das erste unmittelbar ersichtliche Resultat lautet, daß zwei beliebig in den Projektionsebenen π_1 und π_2 angenommene Geraden g_1 und g_2 stets die Projektionen einer eindeutig bestimmten Raumgeraden g darstellen (Fig. 40). Sie ist Schnittlinie der beiden Ebenen, die man durch g_1 und g_2 senkrecht zu π_1 und π_2 konstruiert. Diese beiden Ebenen heißen auch projizierende Ebenen der Geraden g; wir werden sie durch γ_1 und γ_2 bezeichnen.

Jede Gerade g ist durch zwei Punkte bestimmt; man kann hierzu insbesondere ihre Schnitte mit den Projektionsebenen wählen, die wir wieder ihre Spuren nennen und jetzt durch G_1 und G_2 bezeichnen wollen (Fig. 41). Da G_1 in π_1 liegt, so fällt die zweite Projektion von G_1 auf die Achse a; sie möge G_{10} heißen.[1]) Ebenso fällt die erste Projektion von G_2 auf die Achse (Fig. 42); sie heiße G_{20}. Daher sind $\mathsf{G}_1 G_{20}$ und $\mathsf{G}_2 G_{10}$ die Projektionen der Geraden.

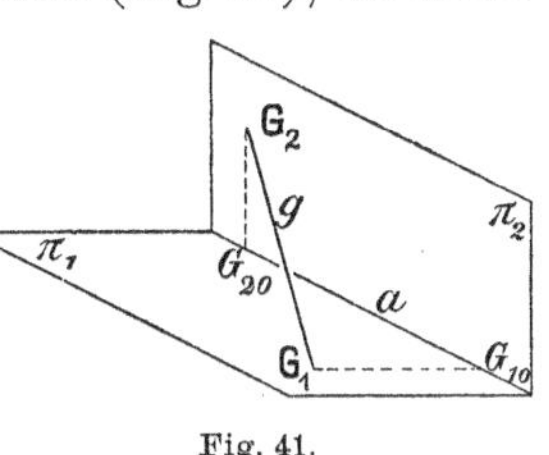

Fig. 41.

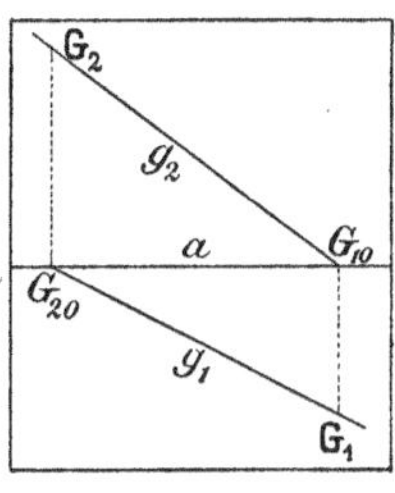

Fig. 42.

Hieraus ergibt sich unmittelbar die Lösung der Aufgabe, die Spuren einer gegebenen Geraden zu zeichnen, deren Projektionen g_1 und g_2 gegeben sind. Man hat nur ihre Schnittpunkte mit der Achse zu konstruieren und in ihnen die Lote zu errichten; sie schneiden g_1 und g_2 in den Spurpunkten.

Wir betrachten endlich die Projektionen einiger Geraden ausgezeichneter Lage. Man erkennt unmittelbar die Richtigkeit folgender Tatsachen:

Ist g zur Achse parallel, so sind auch g_1 und g_2 zur Achse parallel.

Ist g zur Grundrißebene π_1 parallel, so ist g_1 zu g parallel, während g_2 zur Achse parallel ist; analog ist es, wenn g zu π_2 parallel ist.

Die Grundrißprojektion einer Vertikalen v reduziert sich auf einen Punkt, nämlich auf ihre Spur in π_1, während v_2 zur Achse senkrecht ist. Analog steht die erste Projektion einer auf π_2 senkrechten Geraden n auf der Achse senkrecht, während sich n_2 auf die Spur von n in π_2 reduziert.

2. Die Ebene. Eine Ebene kann entweder als begrenztes Flächenstück oder aber als unbegrenztes Raumgebilde in Frage kommen. Im ersten Fall sind die Projektionen des Flächenstücks durch die Projektionen seiner Begrenzung unmittelbar gegeben.

Um im zweiten Fall die Ebene ε zeichnerisch zu bestimmen, genügt es, ihre Schnittlinien mit den Projektionsebenen zu kennen (Fig. 43 und 44). Wir nennen sie ihre Spuren

1) Diese Bezeichnung weicht zwar von dem allgemeinen Schema etwas ab, sie wird aber nur an dieser Stelle vorübergehend benutzt.

und bezeichnen sie durch $\mathbf{E}_1$ und $\mathbf{E}_2$[1]). Es ist klar, daß sie sich auf der Achse schneiden, und zwar in dem Punkt, der zugleich Schnittpunkt der drei Ebenen π_1, π_2 und ε ist. Wir bezeichnen ihn durch E_0. Auch ist ersichtlich, daß zwei beliebige, sich auf der Achse schneidende Geraden $\mathbf{E}_1$ und $\mathbf{E}_2$ stets Spuren einer eindeutig durch sie bestimmten Ebene sind.

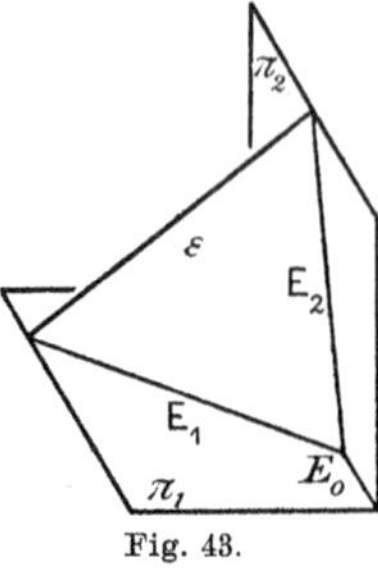

Fig. 43.

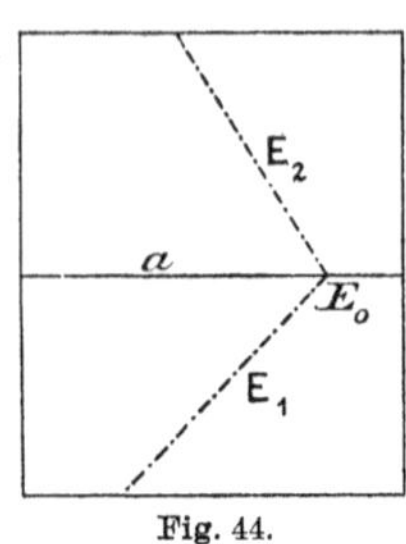

Fig. 44.

Als ausgezeichnete Lagen einer Ebene haben wir solche zu betrachten, die zu einer Projektionsebene oder zur Achse parallel oder senkrecht liegen; über sie ergibt sich leicht das Folgende:

Ist die Ebene ε zur Grundrißebene γ parallel, so verschwindet $\mathbf{E}_1$ ins Unendliche, und $\mathbf{E}_2$ ist zur Achse a parallel. Analog ist es, wenn ε zur Ebene β parallel ist.

Steht ε auf der Grundrißebene senkrecht, so ist $\mathbf{E}_2$ auf der Achse senkrecht, und die Gerade $\mathbf{E}_1$ liefert mit der Achse den Neigungswinkel von ε und β (Fig. 45 und 46).

Ist ε zur Aufrißebene senkrecht, so ist $\mathbf{E}_1$ auf a senkrecht, während $\mathbf{E}_2$ mit a den Neigungswinkel von ε und γ bestimmt.

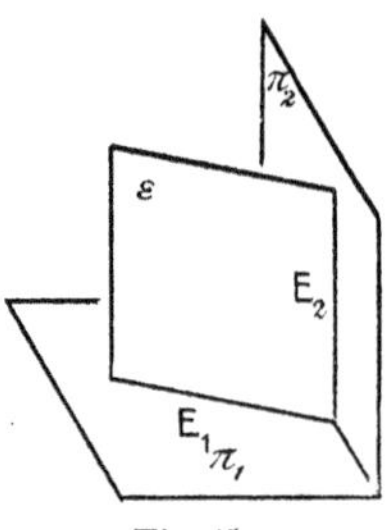

Fig. 45.

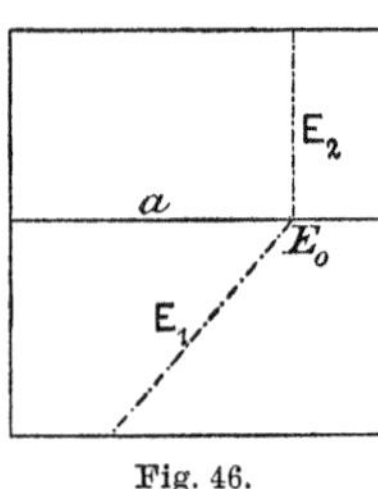

Fig. 46.

Steht ε auf der Achse a senkrecht, so sind $\mathbf{E}_1$ und $\mathbf{E}_2$ auf a senkrecht, beide Schnittlinien liegen also in einer Geraden.

Ist endlich ε zur Achse parallel, so sind auch $\mathbf{E}_1$ und $\mathbf{E}_2$ zur Achse a parallel.

3. Punkt und Gerade. Liegt ein Punkt P auf der Geraden g, so liegt die Projektion P_1 auf g_1, und ebenso P_2 auf g_2, was der Vollständigkeit halber erwähnt werden möge.

---

1) Diese Spuren pflegt man vielfach so zu zeichnen, wie es oben geschehen ist, nämlich aus Strichen und Punkten. Es ist ein Haupterfordernis einer guten Figur, daß man aus der Art, in der die einzelnen Linien gezeichnet sind, ihre Bedeutung und damit die Gestalt der bezüglichen Raumfigur leicht zu entnehmen vermag. Ich habe deshalb die früher ziemlich allgemein gebräuchliche Zeichnungsart benutzt.

Wird P_1 auf g_1, aber P_2 nicht auf g_2 angenommen, so heißt dies nur, daß P in der projizierenden Ebene γ_1 enthalten ist, die durch g_1 geht und auf der ersten Projektionsebene π_1 senkrecht steht (Fig. 40). Analog ist es, wenn P_2 auf g_2, aber P_1 nicht auf g_1 liegt.

4. Zwei sich schneidende Geraden. Ist P Schnittpunkt zweier Geraden g und f, so müssen sich (Fig. 47) die ersten Projektionen g_1 und f_1 in P_1 schneiden, ebenso g_2 und f_2 in P_2. Die Verbindungslinie der Schnittpunkte (g_1, f_1) und (g_2, f_2) kreuzt daher die Achse senkrecht. Hierauf ist Bedacht zu nehmen, wenn die Projektionen zweier sich schneidender Geraden gezeichnet werden sollen. Beispielsweise können g_1, f_1 und g_2 beliebig gewählt werden; damit ist $P_1 = (g_1, f_1)$ bestimmt, also auch der Punkt P_2 auf g_2, und durch ihn kann f_2 noch beliebig gezeichnet werden[1]).

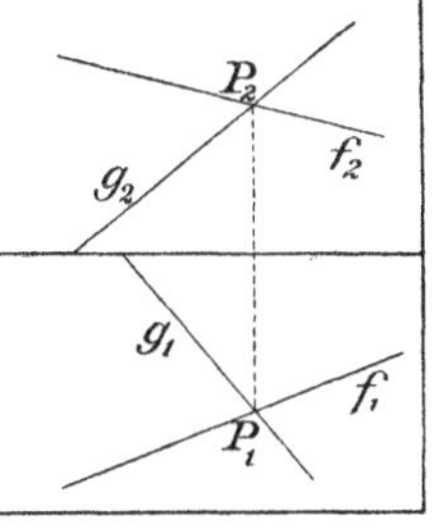

Fig. 47.

Ein besonderer Fall ist der, daß die beiden Geraden in eine Ebene fallen, die auf einer Projektionsebene senkrecht steht. Ist dies z. B. die Grundrißebene, so sind g_1 und f_1 identisch. Die Projektionen g_2 und f_2 liefern dann in ihrem Schnittpunkt (g_2, f_2) die Projektion P_2, woraus sich weiter P_1 auf $g_1 = f_1$ ergibt.

Sei endlich ε die durch g und f bestimmte Ebene. Ein sie darstellendes Flächenstück (Viereck) ergibt sich unmittelbar, indem man auf g und f die Punkte G', G'' und F', F'' beliebig annimmt. Um ferner die Spur von ε zu zeichnen, beachte man, daß wenn eine Gerade g in einer Ebene ε liegt, die Spuren von g auf den Spuren von ε (Fig. 48) liegen.

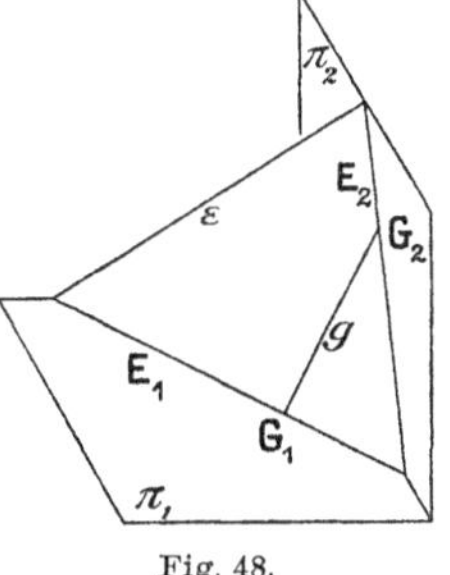

Fig. 48.

Man erhält daher in den Geraden $F_1 G_1$ und $F_2 G_2$ die gesuchten Spuren E_1 und E_2.

5. Zwei sich schneidende Ebenen. Schneiden sich

1) Sind g und f windschief, so ist der Schnittpunkt (g_1, f_1) die erste Projektion desjenigen Punktes, in dem f die projizierende Ebene γ_1 kreuzt. Die analoge Bedeutung hat der Punkt (g_2, f_2).

die Ebenen ε und δ in der Geraden g, so sind (Fig. 49) die Spuren $\mathbf{G}_1$ und $\mathbf{G}_2$ von g mit den Punkten identisch, in denen die Spuren $\mathbf{E}_1$, $\mathbf{D}_1$ und die Spuren $\mathbf{E}_2$, $\mathbf{D}_2$ einander schneiden. Sind also ε und δ durch ihre Spuren gegeben, so können die Projektionen ihrer Schnittlinie g gemäß § 8 unmittelbar gezeichnet werden. Man hat von den Schnittpunkten ($\mathbf{E}_1$, $\mathbf{D}_1$) und ($\mathbf{E}_2$, $\mathbf{D}_2$) die Lote auf die Achse zu fällen und deren Fußpunkte mit den Spuren zu verbinden.

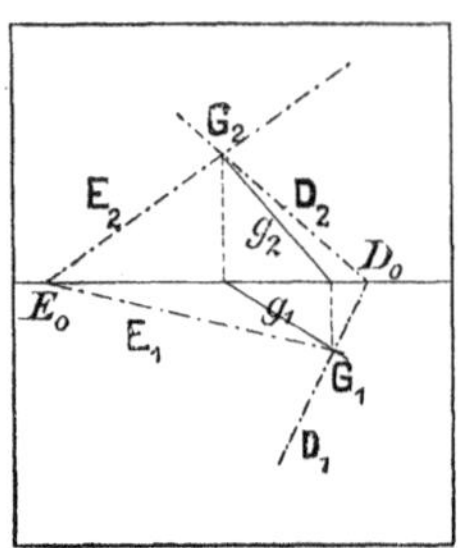

Fig. 49.

6. Eine Gerade in einer Ebene. Um die Projektionen einer Geraden g zu zeichnen, die in einer Ebene ε liegt, kann eine dieser beiden Projektionen beliebig angenommen werden; die andere ist bestimmt. Wird nämlich g_1 beliebig gewählt, so wird damit festgesetzt, daß g in der durch g_1 gehenden projizierenden Ebene γ_1 liegt (Fig. 40), also Schnitt von γ_1 und ε ist. Durch g_1 ist also g und damit auch g_2 bestimmt. Analog ist es, wenn man g_2 beliebig wählt.

Um die zweite Projektion g_2 zu zeichnen, haben wir wieder zu unterscheiden, ob die Ebene ε durch ihre Spuren oder als begrenztes Flächenstück gegeben ist. Im ersten Fall kann man folgendermaßen verfahren (Fig. 50). Da, wie oben erwähnt, die Spuren von g auf den Spuren von ε liegen, erhält man im Schnitt von g_1 mit $\mathbf{E}_1$ die Spur $\mathbf{G}_1$ von g; errichtet man dann im Schnitt von g_1 mit der Achse das Lot, so erhält man in seinem Schnitt mit der Spur $\mathbf{E}_2$ die Spur $\mathbf{G}_2$ von g und damit auch g_2.

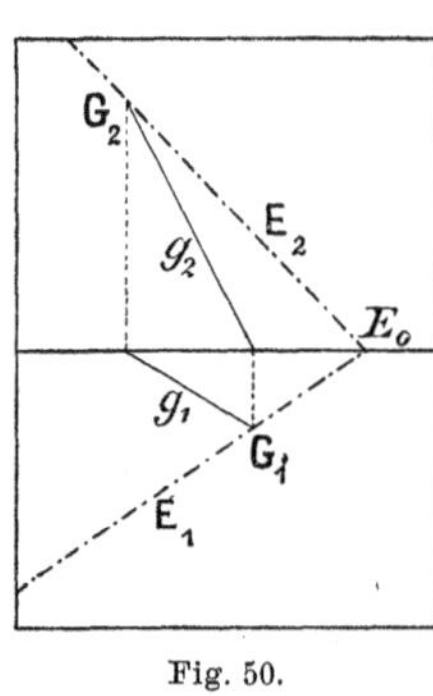

Fig. 50.

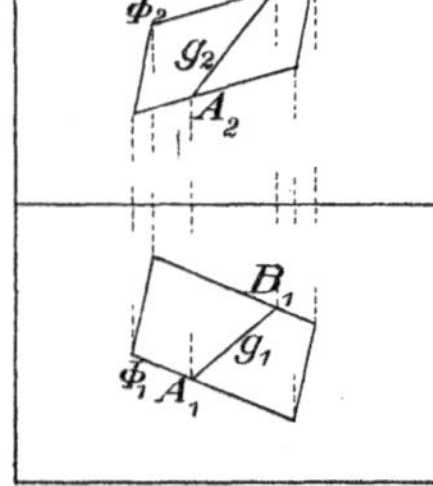

Fig. 51.

Wenn dagegen die Ebene als begrenztes Flächenstück Φ gegeben ist, und Φ_1 und Φ_2 dessen Projektionen sind, so zeichne man wieder (Fig. 51) g_1 in π_1 beliebig, und hat sofort in den Schnittpunkten A_1 und B_1 von g_1 mit Φ_1 die ersten Projektionen der Schnittpunkte von g mit Φ und daraus in bekannter Weise die zweiten Projektionen, also auch die Gerade g_2.[1])

7. Ein Punkt in einer Ebene. Soll ein in einer Ebene ε liegender Punkt gezeichnet werden, so kann wieder eine Projektion beliebig angenommen werden; es sei P_1. Um P_2 zu zeichnen, benutzt man am besten eine in ε liegende Gerade g, die durch P geht. Man nehme also (Fig. 52) die Projektion g_1 so an, daß sie durch P_1 geht, konstruiere gemäß 6. die Projektion g_2 und erhält auf ihr gemäß 3. die Projektion P_2.[2])

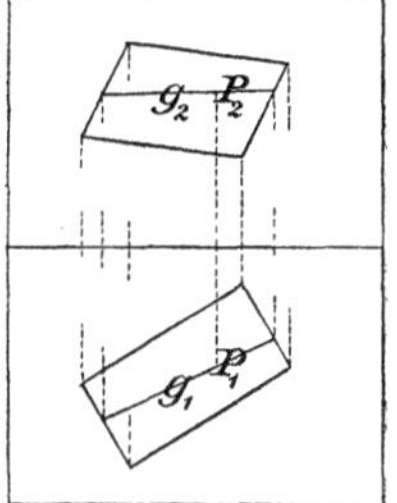

Fig. 52.

8. Kreuzungspunkt einer Geraden mit einer Ebene. Die Bestimmung des Kreuzungspunktes K einer gegebenen Geraden g mit einer gegebenen Ebene ε ist die wichtigste Aufgabe, die hier zu erörtern ist. Wir lösen sie, indem wir sie auf die Aufgabe 4. zurückführen, also eine zweite durch den Punkt K gehende Gerade zu Hilfe nehmen. Wir wählen dazu am besten die Schnittlinie f von ε mit der projizierenden Ebene γ_1, die auf π_1 längs g_1 senkrecht steht. Für sie ist gemäß 4. $f_1 = g_1$; es handelt sich also nur noch darum, die zweiten Projektionen dieser Geraden f zu konstruieren.

Wir betrachten zunächst den Fall, daß ε als begrenztes Flächenstück Φ gegeben ist. Da $f_1 = g_1$ ist, hat man in den Schnittpunkten von g_1 mit Φ_1 zugleich die ersten Projektionen der Schnittpunkte von f mit Φ, und da ihre zweiten Projektionen auf Φ_2 liegen, so ist damit auch f_2 zeichnerisch bestimmt.

Ist z. B. Φ ein Parallelogramm $ABCD$, so hat man (Fig. 53) die Schnittpunkte P_1 und Q_1 von g_1 mit $A_1B_1C_1D_1$ zu zeichnen,

---

1) Mittels des obenerwähnten Satzes löst man auch leicht die Aufgabe, die Spuren einer Ebene zu zeichnen, die durch drei Punkte A, B, C geht, wenn die Projektionen dieser Punkte gegeben sind. Mit den Projektionen von A, B, C sind nämlich auch die Projektionen ihrer Verbindungslinien gegeben, man braucht also nur deren Spuren in π_1 und in π_2 zu konstruieren und zu verbinden, um die Spuren der Ebene zu erhalten. Übrigens genügt es, die Spuren von zwei Geraden zu konstruieren. Der Kontrolle wegen wird man es aber auch für die dritte tun.

Ähnlich konstruiert man auch die Spuren einer durch eine Gerade und einen Punkt bestimmten Ebene.

2) Die Figur betrifft nur den Fall eines Flächenstücks Φ.

sodann auf $A_2 B_2 C_2 D_2$ die zweiten Projektionen P_2 und Q_2, und dann den Schnittpunkt K_2 von g_2 mit $P_2 Q_2 = f_2$. Aus ihm erhält man endlich gemäß 3. auch den Punkt K_1 auf g_1.

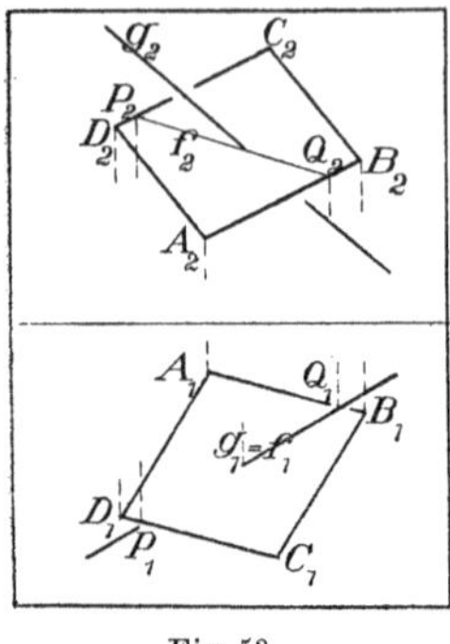

Fig. 53.

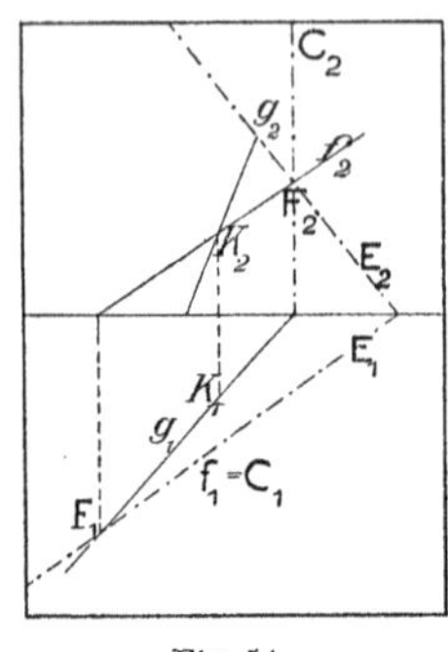

Fig. 54.

Ist dagegen die Ebene ε durch ihre Spuren gegeben, so konstruiere man (Fig. 54) zunächst die Spuren von γ_1; ihre erste Spur $\mathbf{C}_1$ ist gemäß 4. ebenfalls mit g_1 identisch, ihre zweite $\mathbf{C}_2$ ist zur Achse a senkrecht. Die Projektion f_2 ergibt sich nunmehr gemäß 5., indem man f als Schnitt von ε und γ_1 ansieht; es ist also $\mathbf{F}_1 = (\mathbf{C}_1, \mathbf{E}_1)$ und $\mathbf{F}_2 = (\mathbf{C}_2, \mathbf{E}_2)$.

Übrigens wird man es meist nur mit dem ersten Fall zu tun haben. Um z. B. ein Parallelepipedon zu zeichnen, das von einer Geraden gekreuzt wird, können wir folgendermaßen verfahren. Die beiden Flächen, in denen die Kreuzung erfolgen soll, wählen wir beliebig aus, es seien (Fig. 55) $ABCE$ und $ABDF$. Wir zeichnen dann am einfachsten in $A_1 B_1 D_1 F_1$ irgendeine Gerade, z. B. die Diagonale $B_1 D_1$, nehmen auf ihr K_1 beliebig an und zeichnen K_2 auf $B_2 D_2$. Ebenso verfährt man mit den Projektionen $A_1 B_1 C_1 E_1$ und $A_2 B_2 C_2 E_2$. Damit hat man auch g_1 und g_2 als Verbindungslinien der Kreuzungspunkte.

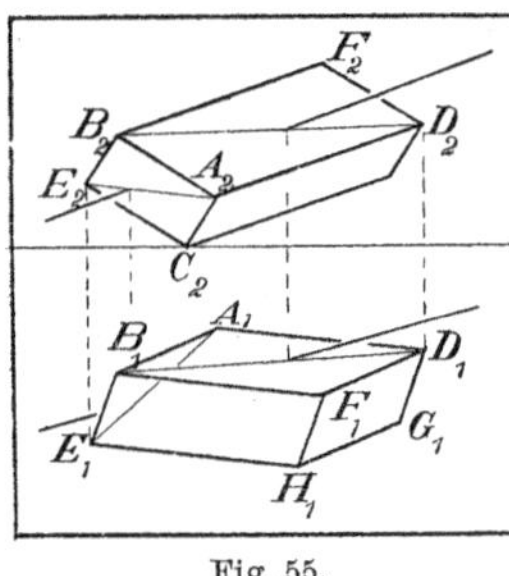

Fig. 55.

§ 12. Metrische Verhältnisse im Grundriß und Aufriß.

Die Aufgaben, die hier zu erörtern sind, betreffen hauptsächlich die zeichnerische Darstellung von Strecken und Winkeln gegebener Größe.

In den einfachsten Fällen kommen wir ohne Kenntnis besonderer Methoden zum Ziel, wie das folgende Beispiel zeigt:

Grundriß und Aufriß eines Würfels von gegebener Kantenlänge herzustellen, wenn eine Hauptdiagonale auf der Grundebene π_1 senkrecht steht.

Die eine Ecke A des Würfels denken wir uns der Einfachheit halber in der Grundebene liegend; die zur Grundebene senkrechte Hauptdiagonale sei AH. Sind dann AB, AC, AD, HE, HF, HG die von A und H ausgehenden Würfelkanten, so bilden die Punkte B, C, D und E, F, G je ein gleichseitiges Dreieck; die Ebenen dieser Dreiecke liegen zur Grundebene parallel und teilen die Hauptdiagonale in drei gleiche Teile. Daraus folgt, daß die Kante s des Würfels, die Flächendiagonale d und die Hauptdiagonale h in der Weise ein rechtwinkliges Dreieck ABH bilden (Fig. 56), daß der Höhenfußpunkt U die Hypotenuse im Verhältnis $1:2$ teilt. Damit ist h zeichnerisch bestimmt.

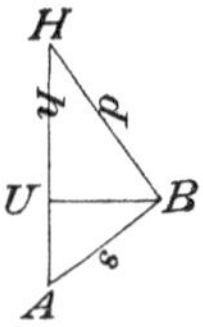

Fig. 56.

Wir zeichnen nun zunächst den **Grundriß** (Fig. 57). Aus der Symmetrie des Würfels folgt, daß alle Kanten gegen die die Diagonale AH und damit auch gegen die Grundrißebene gleich geneigt sind.[1]) Der Grundriß besteht daher aus den Seiten und Diagonalen eines regelmäßigen Sechsecks, dessen Ecken die Projektionen der Punkte B, C, D, E, F, G sind, während die Projektionen A_1 und H_1 in seinen Mittelpunkt fallen. Überdies stellt in Fig. 56 offenbar BU die Länge der Grundrißprojektion von AB und zugleich den Radius des dem Sechseck umgeschriebenen Kreises dar. Damit ist, so lange die Stellung des Würfels zur Aufrißebene beliebig bleibt, was hier geschehen soll, der Grundriß bestimmt.

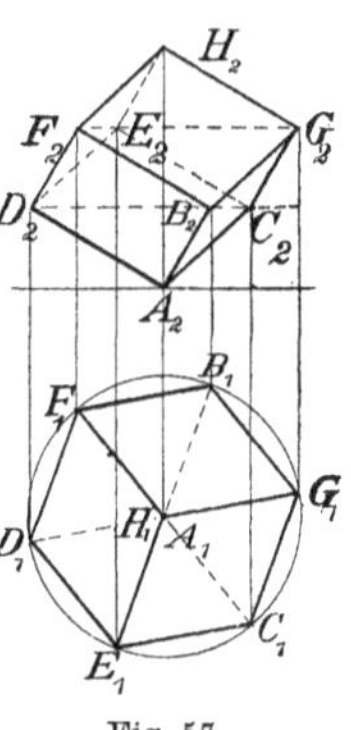

Fig. 57.

Für den **Aufriß** erhalten wir zunächst den Punkt H_2, indem wir $A_2H_2 = AH$ machen. Wir haben dann nur noch A_2H_2 in drei gleiche Teile zu teilen, durch die Teilpunkte Parallelen zur Achse zu ziehen und zu beachten, daß die Projektionen B_2, C_2, D_2 auf der unteren und E_2, F_2, G_2 auf der oberen Parallele liegen; endlich sind noch die Verbindungslinien zu zeichnen, die den Kanten entsprechen.

Um andere Aufgaben in einfacher Weise zu behandeln, bedürfen wir neuer methodischer Hilfsmittel. Ein erstes bildet das

1) Dies folgt zunächst für die Kanten durch A und H, und damit auch für die andern, die diesen parallel sind.

Verfahren der Umlegung. Es besteht darin, eine Ebene ε um ihren Schnitt mit einer Projektionsebene so lange zu drehen, bis sie in die Projektionsebene hineinfällt. Alle in ε vorhandenen Figuren fallen dann in ihrer natürlichen Größe in die Projektionsebene. Ist also die durch Umlegung entstehende Figur zeichnerisch bestimmbar, so sind damit auch die in der Ebene ε vorhandenen Strecken und Winkel bekannt und umgekehrt.[1])

Dies Verfahren kommt besonders für zwei Aufgaben in Betracht. Diese sind:

1. die Neigungswinkel einer durch ihre Spuren gegebenen Ebene ε gegen die Projektionsebenen zu bestimmen, und umgekehrt die zweite Spur einer Ebene zu zeichnen, deren Neigung gegen eine Projektionsebene gegeben ist, und

2. für ein gegebenes Dreieck ABC, dessen Grundlinie BC in eine Projektionsebene fällt, Grundriß und Aufriß herzustellen, wenn seine Neigung gegen die Projektionsebene bekannt ist.

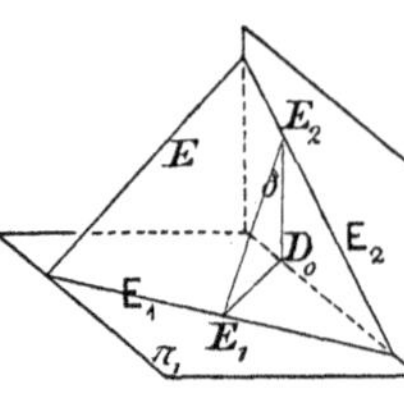

Fig. 58.

Es genüge, beidemal die Grundrißebene π_1 ins Auge zu fassen. Seien wieder (Fig. 58) E_1 und E_2 die Spuren der Ebene ε. Wir nehmen irgendeine Ebene δ an, die auf der Spur E_1 senkrecht steht; sie schneidet die Ebenen π_1, π_2 und ε in einem rechtwinkligen Dreieck $E_2E_1D_0$, in dem der Winkel E_1 der gesuchte Neigungswinkel ist. Da die Seiten E_1D_0 und E_2D_0 bekannt sind, so ist das Dreieck zeichnerisch bestimmt. Dieses Dreieck denken wir uns nun in die Ebene π_1 umgelegt, so daß es in die Lage E_1D_0E' komme, alsdann können wir aus ihm den Neigungswinkel entnehmen. In der Zeichnungsebene konstruiert man also so, daß man (Fig. 59) irgendeine Gerade E_1D_0 senkrecht zur Spur E_1 legt, in D_0 die Vertikale D_0E_2 errichtet, und nun das Dreieck E_1D_0E' so zeichnet, daß $D_0E' = D_0E_2$ ist.

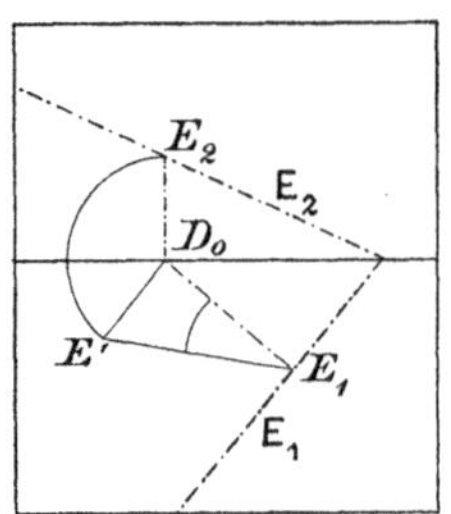

Fig. 59.

Ist umgekehrt die Spur E_1 und der Neigungswinkel α von ε gegen π_1 gegeben, und E_2 zu finden, so entnimmt man dem durch E_1D_0 und α bestimmten Dreieck E_1D_0E' die Länge der

1) Dies Verfahren ist nichts anderes als eine Anwendung der allgemeinen Methode, alle Ebenen in die Zeichnungsebene hineinzudrehen.

Seite D_0E', macht $D_0E_2 = D_0E'$, und hat damit die Spur E_2 von ε in π_2.

Auch die zweite Aufgabe behandeln wir so, daß wir die Grundrißebene als Projektionsebene wählen. Sei AD die Höhe des Dreiecks, und w das in der Grundrißebene π_1 auf BC in D errichtete Lot (Fig. 60), so enthält die durch AD und w bestimmte Ebene δ wieder den Neigungswinkel. Wird nun ABC um BC in die Ebene π_1 umgelegt, so beschreibt A einen Kreis in der Ebene δ und fällt deshalb in einen Punkt A' der Geraden w. Andererseits liegt auch die Projektion A_1 auf w. Dies soll zunächst als Satz ausgesprochen werden:

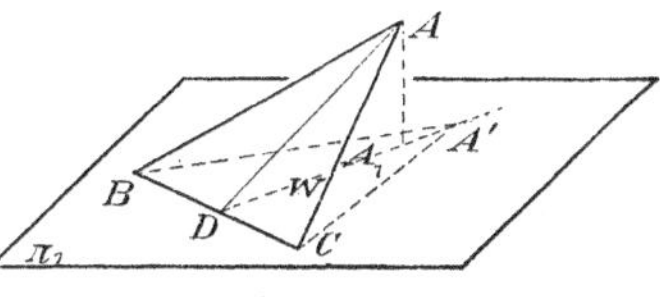

Fig. 60.

I. Wird ein Dreieck ABC, dessen Grundlinie BC in eine Projektionsebene π_1 fällt, um BC in die Projektionsebene umgelegt, und gelangt dabei A in den Punkt A', so liegt die Projektion A_1 von A auf dem Lot, das von A' auf die Grundlinie BC gefällt wird.

In dem rechtwinkligen Dreieck ADA_1 ist AD und der Winkel D bekannt, es ist also zeichnerisch bestimmt. Zugleich gibt AA_1 die Länge der Aufrißprojektion des Punktes A. Benutzen wir nun die Umlegungsmethode noch einmal in der Weise, daß wir das Dreieck ADA_1 um DA_1 in die Ebene π_1 umlegen, und ist $A''DA_1$ seine neue Lage, so entnehmen wir ihm unmittelbar den Punkt A_1; zugleich liefert uns $A''A_1$, wie eben erwähnt, die Länge der zweiten Projektion A_2A_0 des Punktes A. Damit ist die Aufgabe erledigt.

Die Ausführung der Zeichnung gestaltet sich folgendermaßen (Fig. 61): Man konstruiere $A'B_1C_1 \cong ABC$, fälle das Lot $A'D_1$, konstruiere das Dreieck A_1D_1A'' so, daß $D_1A'' = D_1A'$ und D_1 der gegebene Winkel ist, und zeichne zu A_1 die zweite Projektion A_2 in der Weise, daß $A_2A_0 = A''A_1$ ist.

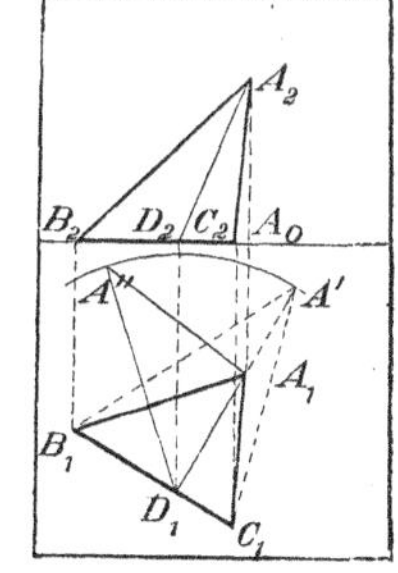

Fig. 61.

Es ist klar, daß man das vorstehende Verfahren auch benutzen kann, um den Neigungswinkel des Dreiecks ABC gegen die Grundrißebene zu ermitteln, wenn seine Projektionen gegeben sind. Man hat nur in umgekehrter Reihenfolge vorzugehen. Ich gehe jedoch hierauf nicht näher ein, weil in dieser Schrift immer die Herstellung der Zeichnungen in erster Linie in Frage kommt.

Beispiel 1. Einen Kasten mit rechtwinkliger Grundfläche zu zeichnen, dessen Dachflächen unter gleichen Winkeln gegen die Wände geneigt sind. Die Grundfläche $ABCD$ befinde sich in der Grundebene, $EFGH$ sei die obere Rechteckfläche und ST die Dachkante. (Fig. 62).

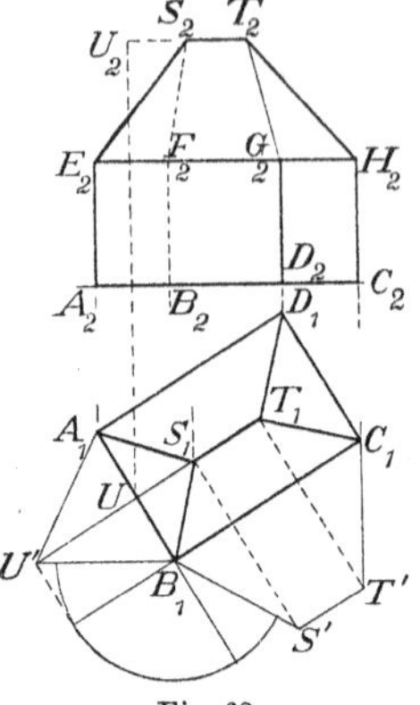

Fig. 62.

Man kann so verfahren, daß man je eine Ebene zu Hilfe nimmt, die auf der Grundfläche und auf zwei parallelen Seiten des Rechtecks $ABCD$ senkrecht steht, und sie in die Grundebene umlegt; zunächst eine für die größeren Seiten AD und BC. Der Durchschnitt ist zeichnerisch bestimmt; sein höchster Punkt U ist ein Punkt der Dachkante ST.[1]) Mittels der Umlegung dieser Ebene ergeben sich also die Projektionen U_1 und U_2; übrigens genügt es den Teil des Durchschnitts zu zeichnen, der dem Dach angehört und durch $A_1 B_1 U'$ dargestellt ist. Dann benutzt man zweitens eine Ebene, die durch den Punkt U geht, und auf den Seiten AC und BD senkrecht steht. Ihre Durchschnittsfigur ist jetzt ebenfalls zeichnerisch bestimmt; durch ihre Umlegung ergeben sich also auch die Projektionen S_2 und T_2. Auch hier genügt es den Teil umzulegen, der dem Dach selbst angehört.

2. Grundriß und Aufriß eines regulären Dodekaeders zu zeichnen, von dem eine Fläche $ABCDE$ in die Grundebene fällt (Fig. 63 u. 64).

Folgende Eigenschaften, die die Gestalt des Dodekaeders betreffen, kommen hier in Betracht. Seine 20 Ecken verteilen sich auf vier zur Grundebene parallele Ebenen, so daß sie in jeder ein regelmäßiges Fünfeck bilden. Diese Fünfecke seien der Reihe nach $ABCDE$, $A'B'C'D'E'$, $A''B''C''D''E''$, $A'''B'''C'''D'''E'''$. Von ihnen sind das erste und vierte kongruent, und ebenso das zweite und dritte. Sie liegen so zueinander, daß ihre Grundrißprojektionen zwei regelmäßige Zehnecke bilden.

1) Um den Grundriß nicht zu stören, ist die Ebene durch AB selbst gelegt worden.

Um den Grundriß herzustellen, kann man die Lage der Grundfläche $ABCDE$, also auch das Zehneck, dem seine Ecken angehören, beliebig annehmen; das von den Projektionen der

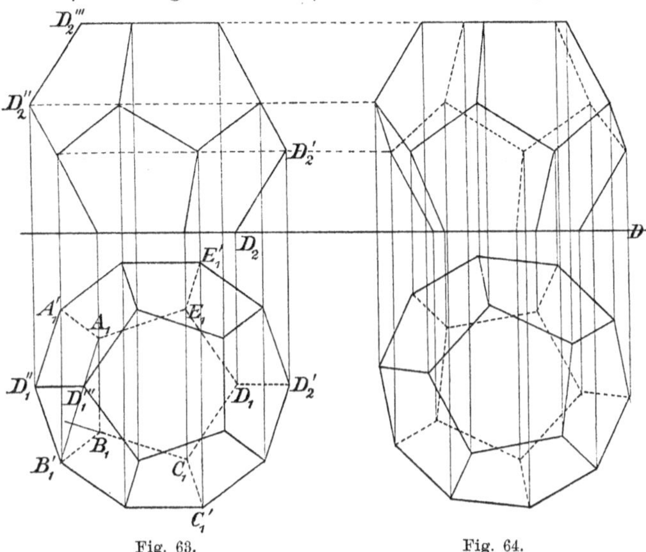

Fig. 63. Fig. 64.

beiden anderen Fünfecke gebildete Zehneck ist jedoch zu konstruieren. Ist BB' die von B ausgehende Kante des Dodekaeders, so muß ihre Grundrißprojektion aus Symmetriegründen in die Gerade fallen, die mit AB und BC gleiche Winkel bildet; auf dieser Geraden liegt also der Punkt B_1'. Denkt man sich nun die an BC anstoßende Fläche in die Grundrißebene umgelegt, so fällt B' auf A; gemäß I. liegt daher B_1' auch auf dem Lot, das man von A_1 auf $B_1 C_1$ fällen kann. Damit ist B_1' bestimmt, also auch das zweite Zehneck. Man zieht noch diejenigen Verbindungslinien, die den Kanten des Dodekaeders entsprechen.

Im Aufriß fallen die Projektionen von $ABCDE$ in die Achse, und die Projektionen der drei anderen Fünfecke in je eine Gerade, die zur Achse parallel ist. Der Aufriß ist daher bestimmt, sobald wir je einen Punkt dieser drei Parallelen kennen. Ihre Konstruktion hängt davon ab, welche Lage zur Achse wir dem Fünfeck $ABCDE$ in der Grundfläche geben. Am einfachsten ist es, eine Seite des Fünfecks senkrecht zur Achse zu wählen. Ist dies AB, so ist die Kante DD' der Aufrißebene parallel, und das gleiche gilt für die durch D''

gehende Mittellinie des an AB angrenzenden Fünfecks; ihre Aufrißprojektionen sind ihnen daher gleich. Damit sind die Projektionen D'_2 und D''_2 zeichnerisch bestimmt, also auch die beiden Parallelen, auf denen sie liegen. Die oberste Parallele erhält man am einfachsten durch die Erwägung, daß die Kanten $D''D'''$ und DD' einander parallel sind; daher sind es auch ihre Projektionen. Damit ist auch D'''_2 bestimmt. Man hat nun noch die Projektionen aller Ecken des Dodekaeders, sowie diejenigen Verbindungslinien zu zeichnen, die Kanten entsprechen.

Die so gezeichnete Figur hat allerdings den Mangel, daß sich einige Dodekaederflächen im Aufriß in eine Gerade projizieren.

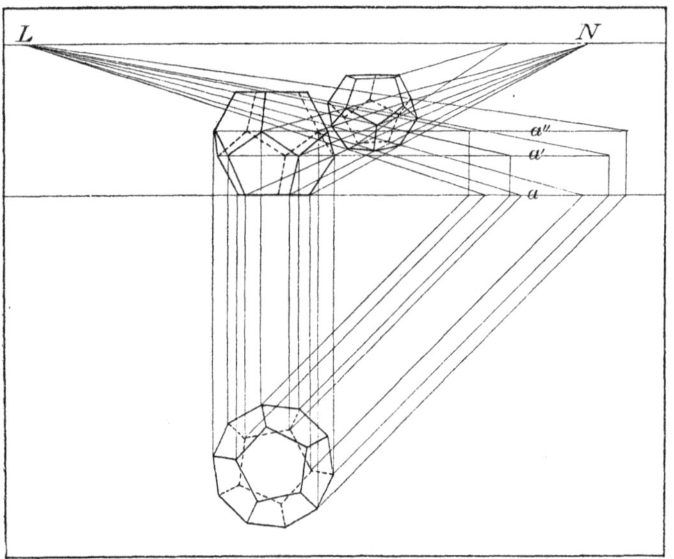

Fig. 65.

Nachdem aber die Aufrißprojektion für die besondere hier vorausgesetzte Lage des Dodekaeders konstruiert ist, kann sie für jede Lage ausgeführt werden, bei der eine Grundfläche in die Grundrißebene fällt, die also entsteht, wenn man das Dodekaeder um eine zur Grundrißebene senkrechte Achse dreht. Bei dieser Drehung bleibt nämlich jeder Punkt in einer Ebene, die zur Grundrißebene parallel ist; daher verteilen sich die Aufrißprojektionen der Dodekaederpunkte auf die nämlichen Parallelen, wie für die erste Lage. Denken wir uns also das

Dodekaeder in der Weise gedreht, wie es Fig. 63 entspricht, so können wir, nachdem der Grundriß hergestellt ist, den Aufriß so zeichnen, daß wir uns zunächst die Lage der Aufrißparallelen herstellen und dann auf ihnen die zweiten Projektionen, wie es Figur 62 erkennen läßt.

Ich schließe damit, auf Grund der Figur 64 noch das perspektivische Bild des Dodekaeders zu zeichnen, unter Annahme des Augenpunktes N und der Distanzpunkte. (Fig. 65.) Die Zeichnung schließt sich direkt an Satz V von § 9 an; wir konstruieren der Reihe nach die Bilder der vier Fünfecke, indem wir beachten, daß sie in je einer Horizontalebene enthalten sind, und zwar mittels der Fluchtpunkte L und R.

§13. Die Einführung neuer Projektionsebenen.

Eine zweite allgemeine Methode, zu der wir jetzt übergehen, besteht in der Einführung neuer Projektionsebenen. Sie läuft der Einführung neuer Koordinatenebenen in der analytischen Geometrie parallel; doch gehen wir hier so vor, daß wir schrittweise immer nur je eine neue Projektionsebene annehmen, und zwar so, daß die neue Ebene auf einer der vorhandenen senkrecht steht. Ein zweiter wichtiger Gesichtspunkt ist der, daß wir die neuen Projektionsebenen möglichst den darzustellenden Strecken und Winkeln parallel wählen; ist dies erreicht, so stellen sich deren Projektionen in ihrer natürlichen Größe dar.

Wie man in der analytischen Geometrie zuvörderst die Formeln für die Transformation der Koordinaten zu behandeln hat, entsteht hier zunächst die Aufgabe, die Projektionen in den neuen Projektionsebenen aus den alten herzustellen. Wir gehen dazu von Grundriß und Aufriß aus, und denken uns eine Projektionsebene π_3, die auf der Grundrißebene π_1 senkrecht steht, während sie mit π_2 einen beliebigen Winkel bilde. (Fig. 66). Es sind dann auch π_1 und π_3 zwei Ebenen, die als Grundriß- und Aufrißebene benutzt werden können, und wir haben, wenn P_3 die Projektion eines Punktes P in π_3 ist, P_3 aus P_1 und P_2 abzuleiten.

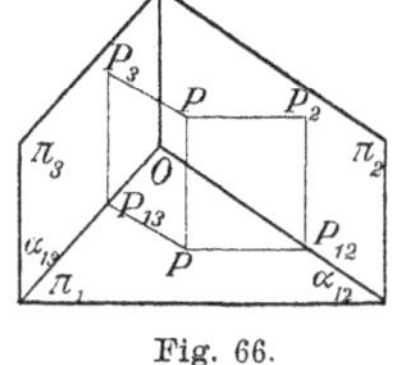

Fig. 66.

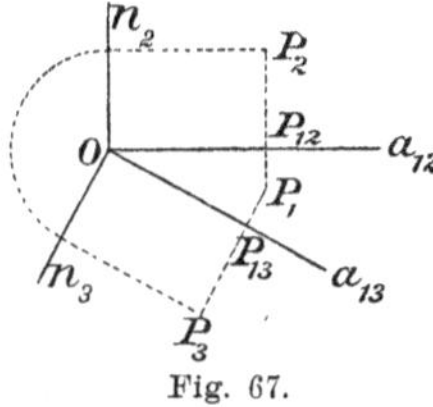

Fig. 67.

Sei dazu O der Schnitt der drei Ebenen, sei jetzt a_{12} die Achse für π_1 und π_2, und a_{13} diejenige für π_1 und π_3, so daß O zugleich Schnitt von a_{12} und a_{13} ist. Wir denken uns nun auch die Ebene π_3 in die Ebene π_1 umgelegt (Fig. 67), und zwar durch Drehung um a_{13}, so besteht auch für die Projektionen P_1 und P_3 der Satz I von § 10; und man hat, wenn jetzt die Schnittpunkte von $P_1 P_2$ und $P_1 P_3$ mit den Achsen durch P_{12} und P_{13} bezeichnet werden, unmittelbar die Gleichung

$$1) \qquad PP_1 = P_2 P_{12} = P_3 P_{13}.$$

Diese einfache Gleichung ist die einzige Tatsache, die hier in Frage kommt[1]). Wir schließen aus ihr sofort, daß die Projektion P_3 aus P_1 und P_2 zeichnerisch bestimmbar ist; man hat nur von P_1 auf a_{13} das Lot $P_1 P_{13}$ zu fällen, und auf ihm P_3 so zu bestimmen, daß $P_3 P_{13} = P_2 P_{12}$ ist. Dies pflegt man so auszuführen, daß man (Fig. 67) in O auf a_{12} und a_{13} je ein Lot n_2 und n_3 errichtet, zu a_{12} durch P_2 eine Parallele bis n_2 zieht, dann den bis n_3 reichenden Kreisbogen schlägt, und durch seinen Endpunkt wieder die Parallele zu a_{13} zieht[2]). Wir sprechen das gefundene Resultat folgendermaßen als Satz aus:

I. Wählt man die Projektionsebene π_3 senkrecht auf π_1, so ergibt sich die Projektion P_3 aus P_1 und P_2 in der Weise, daß man von P_1 auf die Achse a_{13} der Ebenen π_1 und π_3 ein Lot $P_1 A_{13}$ fällt und auf ihm die Strecke $A_{13} P_3$ gleich $A_{12} P_2$ abträgt, wenn A_{12} Schnitt der Achse a_{12} mit $P_1 P_2$ ist.

Die Einführung einer dritten Projektionsebene π_3 kann zunächst den Zweck haben, zu bewirken, daß die Raumfigur Σ eine vorgegebene Lage zu den Projektionsebenen besitzt. Dies wollen wir zunächst an einigen einfachen Beispielen ausführen.

1. Die Projektion des in Fig. 37 gezeichneten Oktaeders auf einer zur Aufrißebene senkrechten Ebene π_3 herzustellen. Die Ausführung erfolgt unmittelbar nach dem eben gegebenen Konstruktionsschema und bedarf keiner weiteren Erläuterung (Fig. 68).

1) Dies ist identisch mit der obenerwähnten Tatsache, daß die Aufrißprojektionen ihrer Länge nach ungeändert bleiben, wenn man den Gegenstand Σ um eine zur Grundrißebene vertikale Achse dreht. Seine so entstehende Lage zur Aufrißebene kann man nämlich auch dadurch herstellen, daß man ihn festhält und die Aufrißebene dreht, und dies bedeutet wiederum die Einführung einer neuen Projektionsebene.

2) Die Zeichnung soll auch hier durch besondere Wahl und Art der Linien ihre Bedeutung erkennen lassen; vgl. S. 44 Anm.

2. Die zweite oben gegebene Darstellungsart des Dodekaeders so vorzunehmen, daß man die Ebene π_3 auf π_1 senk-

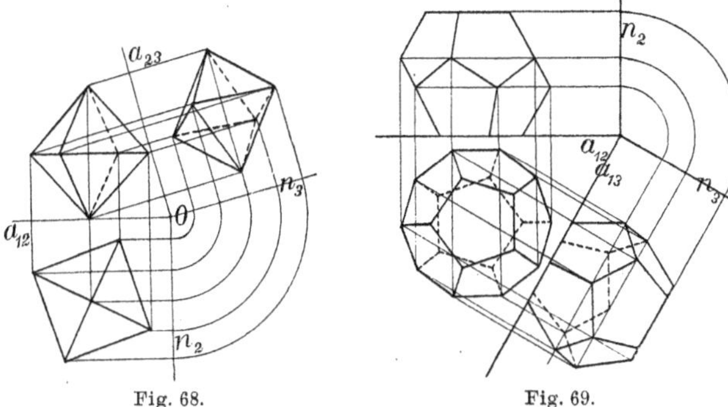

Fig. 68. Fig. 69.

recht wählt. Auch diese Aufgabe ist unmittelbar nach dem angegebenen Schema zu behandeln (Fig. 69)[1]).

Die Einführung neuer Projektionsebenen läßt sich wiederholen; man kann eine Ebene π_4 einführen, die auf einer der Ebenen π_1 oder π_3 senkrecht steht, und kann dies beliebig lange fortsetzen. Man erhält dadurch Grundriß- und Aufrißprojektionen für immer neue Stellungen einer Figur zu den Projektionsebenen. Dabei ist zweierlei zu bemerken. Erstens bedarf es nur zweier Schritte, um eine gegebene Ebene ε zur Projektionsebene zu machen. Ist nämlich $\mathbf{E}_1$ die Spur von ε in π, so wähle man π_3 senkrecht auf $\mathbf{E}_1$, und kann nun, da π_3 auf ε senkrecht steht, ε als Ebene π_4 einführen. Zweitens beachte man, daß bei der Einführung von π_4 ein praktischer Fortschritt nur so entsteht, daß man π_4 senkrecht zu π_3 annimmt, so daß π_3 und π_4 die neue Grundrißebene und Aufrißebene darstellen. Würde man nämlich π_4 senkrecht auf π_1 wählen, so ist π_3 überflüssig; man hätte von vornherein π_4 statt π_3 als neue Ebene benutzen können.

Welche Ebenen man in den einzelnen Fällen einführt, hängt ganz von der Natur der Aufgabe und von dem Zweck ab, den man erreichen will. I h r e W a h l m u ß g e t r o f f e n s e i n, e h e m a n a n d i e z e i c h n e r i s c h e D a r s t e l l u n g g e h t; die Vorstellung der Figur mit allen ihren Projektionsebenen und die richtige Auswahl dieser Ebenen ist das Problem, das in jedem einzelnen Fall zu lösen ist; die Herstellung der neuen Projektionen ist ein mechanisches Verfahren, das immer in der gleichen Weise erfolgt.

---

1) Vgl. den Anhang, 9.

Ich erörtere schließlich noch kurz den Fall, daß man eine neue Projektionsebene einführt, die zu einer vorhandenen parallel ist. An dem Satz I wird dann nichts geändert. Sei z. B. $\pi_3 \| \pi_2$ (Fig. 70), so daß a_{12} und a_{13} parallel sind, so besteht immer noch die Gleichung 1); die einzige Modifikation die auftritt, ist die, daß $P_1 P_2$ und $P_1 P_3$ in dieselbe Gerade fallen. Man erhält also auch hier P_3 so, daß man $P_{13} P_3 = P_{12} P_2$ macht (Fig. 71).[1])

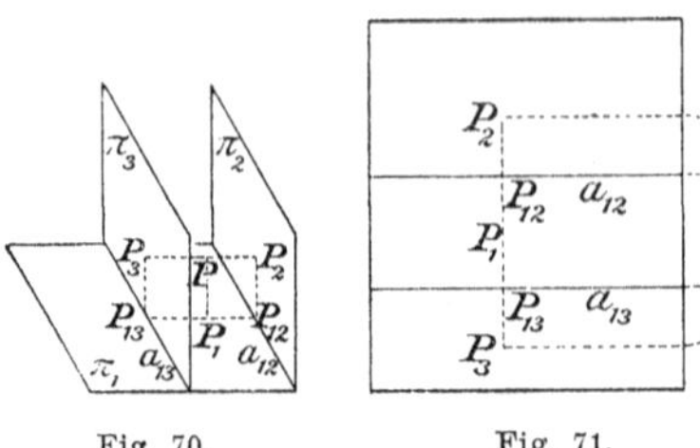

Fig. 70. Fig. 71.

Ich schließe mit folgender Bemerkung. Wie in der analytischen Geometrie können auch hier für die Behandlung der einzelnen Probleme zwei grundverschiedene Gesichtspunkte maßgebend sein. Man kann die Koordinatenebenen und die Projektionsebenen so einfach wie möglich, man kann sie aber auch so allgemein wie möglich wählen. Beides hat seine Berechtigung; das zweite dient mehr den theoretischen, das erste mehr den praktischen Zwecken. An dieser Stelle steht jedoch der praktische Zweck im Vordergrund; die Aufgabe, die sich in so engem Rahmen allein behandeln läßt, kann nur dahin gehen, auf die einfachste Weise zum Entwerfen richtiger Bilder zu gelangen. Demgemäß haben wir die Lage der Gegenstände zu den Projektionsebenen stets so angenommen, daß ihre zeichnerische Herstellung so leicht wie möglich ausfällt, haben uns überdies auf Aufgaben einfacherer Art beschränkt, und die übrigen Probleme nur in aller Kürze gestreift.

§ 14. Die Axonometrie.

Die Figuren der räumlichen analytischen Geometrie pflegt man folgendermaßen zu zeichnen. Man nimmt die drei Richtungen, die die Koordinatenachsen darstellen sollen, beliebig an, und zeichnet die Koordinaten eines jeden Punktes so, daß sie diesen drei Geraden parallel sind. Das allgemeine Prinzip, das hierin zum Ausdruck kommt, bildet den sogenannten Grundsatz der

1) Eine praktische Folge hiervon ist, daß das Zeichnen der Achse a entbehrlich ist. Bei Festhaltung der Aufrißebene bedeutet dies die Zulassung einer variablen Lage für die Grundrißebene.

Axonometrie; es steht im Mittelpunkt aller zeichnerischen Methoden. Sein Inhalt und seine Begründung bedarf ausführlicher Erörterung.

Da die Koordinaten eines jeden Punktes durch Parallelen zu den drei Koordinatenachsen dargestellt werden, so ist das so hergestellte Bild eine Parallelprojektion. Damit ist jedoch der Inhalt unseres Satzes noch nicht erschöpft. In präziser Formulierung lautet er folgendermaßen:

I. Werden in einer Ebene ε' drei von einem Punkt O' ausgehende Strecken $O'A'$, $O'B'$, $O'C'$ so angenommen, daß ihre Endpunkte ein Dreieck $A'B'C'$ bilden, so können sie stets als Parallelprojektion eines rechtwinkligen gleichseitigen räumlichen Dreikants $OABC$ auf ε' betrachtet werden.[1])

Wir betrachten zunächst denjenigen besonders einfachen Fall, der der gewöhnlichen Koordinatendarstellung entspricht. Das Dreikant liegt dann so, daß eine seiner Ebenen (die xz-Ebene) zu ε' parallel ist. Die zur Ebene ε' parallelen Kanten OA und OC erscheinen alsdann in der Projektionsfigur in ε' in ihrer natürlichen Länge, während die dritte Kante OB (die der y-Achse entspricht) eine Verkürzung erfährt. Für diesen Fall ist der Satz geradezu evident; geht man nämlich von zwei zueinander gleichen rechtwinkligen Strecken $O'A'$ und $O'C'$ aus (Fig. 72), während $O'B'$ mit ihnen einen beliebigen Winkel bildet, so kann diese Figur in der Tat als Projektion eines so gelegenen Dreikants $OABC$ aufgefaßt werden. Die zugehörige Richtung der projizierenden Strahlen ergibt sich unmittelbar in der Weise, daß man auf der Zeichnungsebene ein Lot $O'B'' = OB$ errichtet, und B'' mit B' verbindet. Man bezeichnet diese Art der Darstellung auch als schiefe Projektion. Übrigens bleibt das Vorstehende auch dann noch in Kraft, wenn $O'B'$ mit einer der Geraden $O'A'$ oder $O'C'$ zusammenfällt; dies bedeutet nämlich nur, daß die projizierenden Strahlen zu der Seitenfläche OAB oder OBC des Dreikants parallel sind.[2])

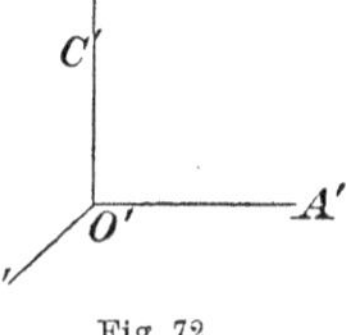

Fig. 72.

1) Der Satz gilt auch dann noch, wenn zwei Seiten des Dreiecks $A'B'C'$ zusammenfallen.

2) Bei Bildern, die mittels einer Parallelprojektion gezeichnet werden, müssen wir uns gemäß § 1 vorstellen, daß sich das betrachtende Auge in

Dem Beweis des allgemeinen Satzes schicke ich einen Hilfssatz voraus, der in seiner einfachsten Formulierung ein Satz über ein gerades dreiseitiges Prisma ist und folgendermaßen ausgesprochen werden kann:

II. Jedes gerade dreiseitige Prisma kann durch eine Ebene ε so geschnitten werden, daß die Schnittfigur einem gegebenen Dreieck ähnlich ist.

Ist $A'B'C'$ die Grundfläche des Prismas (Fig. 73), und ABC die in ε entstehende Schnittfigur, so ist zu zeigen, daß bei geeigneter Lage von ε das Dreieck ABC einem gegebenen Dreieck $A_0B_0C_0$ ähnlich ist. Zweierlei schicke ich voraus. Erstens ist klar, daß, wenn eine Ebene ε dem Satze genügt, auch jede zu ihr parallele Ebene dies tut; zweitens können wir $A_0B_0C_0$ durch irgendein ihm ähnliches Dreieck ersetzen; wir dürfen es deshalb auch so wählen, daß $A_0B_0 = A'B'$ ist. Dies wird im folgenden geschehen. Die Ebene, die die Grundfläche $A'B'C'$ enthält, sei ε'.

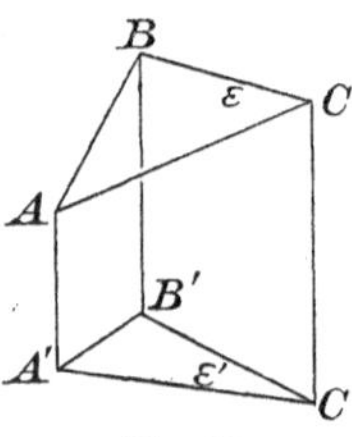

Fig. 73.

Der Beweis geht so vor, daß er direkt die Lage der Ebene ε bestimmt; dazu ist erstens ihre Schnittlinie mit ε' und zweitens die Neigung beider Ebenen zu ermitteln. Wir stützen ihn auf die in § 5 enthaltenen Sätze über Parallelperspektive. Wir können nämlich ε' und ε durch Strahlen, die auf ε' senkrecht stehen, parallelperspektiv so aufeinander beziehen, daß $A'B'C'$ und ABC einander entsprechen. Nun gibt es in den so bezogenen Ebenen gemäß § 5, I durch C und C' je ein Paar entsprechender rechtwinkliger Strahlen u, v und u', v'; und da es sich um eine orthogonale Projektion handelt, so läuft der eine von ihnen der Schnittlinie s beider Ebenen parallel, während der andere auf ihr senkrecht steht. Man folgert also umgekehrt, daß s einem dieser Strahlen parallel sein muß; um die Richtung von s zu ermitteln, haben wir daher zunächst die ebengenannten Strahlenpaare zu bestimmen.

unendlicher Entfernung befindet, und zwar in der Richtung, die durch die projizierenden Strahlen angegeben wird. Um einen möglichst guten optischen Eindruck eines axonometrisch gezeichneten Bildes zu erhalten, haben wir daher das Auge auf Unendlich einzustellen und ihm überdies die Lage zur Bildebene zu geben, die durch die projizierenden Strahlen gefordert wird. Bei einer Orthogonalprojektion muß es also senkrecht über dem Bilde stehen. Der optische Eindruck wird um so besser werden, je weiter man das Auge von der Zeichnungsebene entfernt.

Dazu denken wir uns eine besondere Ebene ε_0, die das Dreieck $A_0 B_0 C_0$ enthalten soll, und beziehen sie in der Weise ähnlich (§ 4) auf ε, daß ABC und $A_0 B_0 C_0$ einander entsprechen. Dann bestehen die in § 5, 1 und 2 genannten Eigenschaften sowohl für ε und ε', als auch für ε und ε_0, sie bestehen also auch für ε_0 und ε', und da nach Annahme $A'B' = A_0 B_0$ ist, so gibt es in ε' und ε_0 auch ein Geradenpaar, dessen Proportionalitätsfaktor $\varrho = 1$ ist. Gemäß § 5, 8 u. 9 gelten also für ε_0 und ε' alle dort abgeleiteten Sätze.

Seien nun u_0 und v_0 die Geraden durch C_0, die in ε_0 den Geraden u und v von ε entsprechen, so bilden auch sie einen rechten Winkel. Daher sind u_0, v_0 und u', v' auch für ε_0 und ε' die den Punkten C_0 und C' zugehörigen rechten Winkel. Um sie zu bestimmen, hat man gemäß § 5 in der Ebene ε' das Dreieck $A_0 B_0 C_0$ so zu zeichnen (Fig. 74), daß $A_0 B_0$ auf $A'B'$ fällt, dann den Kreis zu schlagen, der durch C_0 und C' geht, und dessen Mittelpunkt auf $A'B'$ liegt, und die Punkte U' und V', in denen er $A'B'$ schneidet, mit C' zu verbinden. Damit ist die Lage der Strahlen u' und v' bereits bekannt.

Es fragt sich nun noch, welcher dieser beiden Strahlen derjenige ist, dem die Schnittlinie s beider Ebenen parallel läuft. Um die Begriffe zu fixieren, bezeichnen wir diesen durch u'; es ist also sowohl u' als auch u zu s parallel, während v' auf s senkrecht steht. Wir gehen nun wieder zu den Ebenen ε und ε' zurück, und denken uns die Ebene ε so in die Ebene ε' um die Achse s umgelegt (Fig. 74), daß die Dreiecke ABC und $A'B'C'$ auf verschiedenen Seiten von s liegen.[1]) Dann wird, da ε' eine Orthogonalprojektion von ε ist, die Verbindungslinie von je zwei entsprechenden Punkten P und P' beider Ebenen die Achse s senkrecht schneiden; sei S der Punkt, in dem sich die Geraden $c' = A'B'$ und $c = AB$ auf der Achse s schneiden, und W der Schnitt von s mit VV'. Dann ist

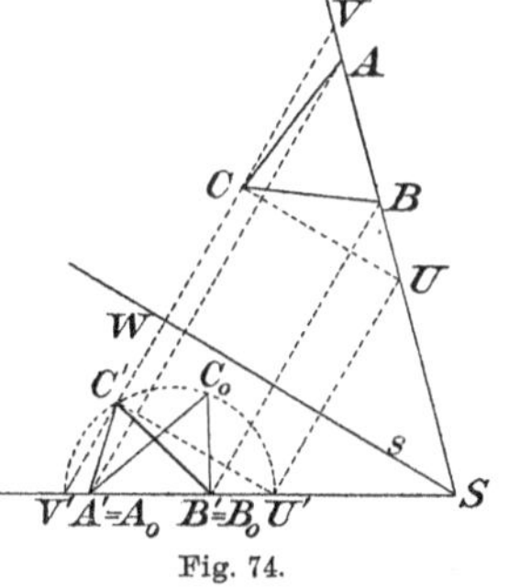

Fig. 74.

1) $$V'W : SW = V'C' : U'C',$$

1) Dies geschieht der Übersichtlichkeit der Figur wegen.

und ebenso folgt, wenn wir noch beachten, daß ε_0 und ε ähnliche Ebenen sind,

2) $$VW : SW = VC : UC = V_0C_0 : U_0C_0.$$

Nun ist aber $V'W$ die Projektion von VW, folglich ist

3) $$VW > V'W.$$

Die linke Seite von 2) ist daher größer als die linke Seite von 1); zwischen ihren rechten Seiten muß daher dasselbe Größenverhältnis bestehen. Da nun gemäß unserer Konstruktion U_0 mit U' und V_0 mit V' identisch ist, so ergibt sich schließlich

4) $$V'C_0 : U'C_0 > V'C' : U'C'.$$

Durch diese Ungleichung werden die beiden Punkte U' und V', also auch die Strahlen u' und v' voneinander getrennt. Damit ist der Strahl u', dem s parallel läuft, eindeutig bestimmt. Die Richtung der Geraden s in ε' ergibt sich also eindeutig.

Es ist also nur noch die Neigung von ε gegen ε' zu ermitteln. Sie ist bekannt, sobald man die Länge von $V'W$ kennt. Diese ergibt sich aber wieder aus 1), denn SW, $V'C'$ und $U'C'$ sind Strecken von ε', die zeichnerisch bestimmbar sind. Die Neigung von ε gegen ε' ist daher ebenfalls eindeutig bestimmt; ihr entsprechen jedoch zwei verschiedene Ebenen, die symmetrisch gegen die Ebene ε' liegen. Damit ist unser Satz bewiesen. Wir finden sogar zwei Scharen von Ebenen, die ihm genügen.

Die Konstruktion gestaltet sich demnach folgendermaßen. In der Ebene ε' zeichne man $A'B'C_1$ ähnlich zu dem gegebenen Dreieck $A_0B_0C_0$, schlage den durch C_0 und C_1 gehenden Kreis, dessen Zentrum auf $A'B'$ liegt, und benenne seine Schnittpunkte U' und V' mit $A'B'$ gemäß der Proportion 4). Man zeichne dann die Gerade WS senkrecht zu $U'C'$, und bestimme $V'W$ gemäß Proportion 1), so ist damit sowohl die Schnittlinie der Ebene ε' mit ε als auch ihre Neigung gegen ε und damit ihre Lage im Raume festgelegt.

Wir gehen nun zum Beweis des Satzes I über, dem wir noch dadurch einen allgemeineren Inhalt geben können, daß wir das rechtwinklige gleichseitige Dreikant durch ein beliebiges Dreikant ersetzen. So gelangen wir zu folgendem, als Satz von Pohlke bezeichneten Theorem:

III. Ist ein Dreikant $OABC$ und ein ebenes Viereck $O_0A_0B_0C_0$ beliebig gegeben, so kann man eine Ebene ε' und eine Projektionsrichtung so bestimmen, daß die in ε' entstehende Parallelprojektion $O'A'B'C'$ des Dreikants dem Viereck $O_0A_0B_0C_0$ ähnlich ist.

Wir nehmen zunächst wieder an, daß eine Ebene ε' und eine Projektionsrichtung, wie sie der Satz verlangt, vorhanden ist. Ferner sei ε die durch das Dreieck ABC bestimmte Ebene, und O_1 (Fig. 75) derjenige Punkt, in dem sie von dem durch O gehenden projizierenden Strahl getroffen wird, so ist klar, daß die Projektionsrichtung bekannt ist, sobald man den Punkt O_1 kennt. Nun befinden sich ε und ε' in der Weise in parallelperspektiver Lage, daß $ABCO_1$ und $A'B'C'O'$ entsprechende Punkte sind, und außerdem sind $O'A'B'C'$ und $O_0A_0B_0C_0$ ähnliche Figuren. Wir können daher wieder, wie beim Beweis des Hilfssatzes, die das Viereck $O_0A_0B_0C_0$ enthaltende Ebene ε_0 ähnlich so auf ε' beziehen, daß $O_0A_0B_0C_0$ und $O'A'B'C'$ einander entsprechen, und schließen wieder genau wie oben, daß nun auch die Ebenen ε und ε_0 in der in § 5 erörterten Beziehung stehen; und zwar sind O_1ABC und $O_0A_0B_0C_0$ entsprechende Punkte. Gemäß § 5, 7 können wir daher den Punkt O_1 mit Hilfe der gegebenen Punkte ABC und $A_0B_0C_0$ konstruieren. Damit ist die Richtung der projizierenden Strahlen bereits bestimmt.

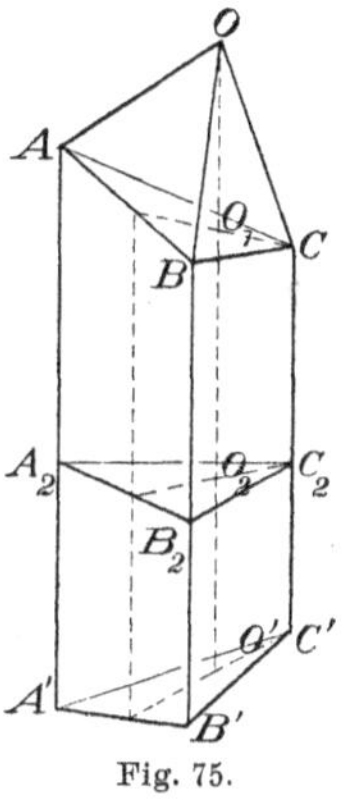

Fig. 75.

Nun sei ε_2 irgendeine zu dieser Richtung senkrechte Ebene, und A_2, B_2, C_2 ihre Schnittpunkte mit den durch A, B, C gehenden projizierenden Strahlen. Dann kann man $A_2B_2C_2$ als die Grundfläche eines geraden Prismas auffassen, das von der Ebene ε' so geschnitten werden soll, daß die Schnittfigur $A'B'C'$ zu $A_0B_0C_0$ ähnlich ist. Unserem Hilfssatz gemäß kann daher die Ebene ε' dieser Bedingung gemäß bestimmt werden.[1]) Man sieht auch noch, daß nicht bloß $A'B'C' \sim A_0B_0C_0$ ist, sondern auch $O_1A'B'C'$ ähnlich zu $O_0A_0B_0C_0$, denn die zwischen unseren Ebenen festgesetzten Beziehungen betreffen stets die ganzen Ebenen, d. h. also die sämtlichen in ihnen enthaltenen einander entsprechenden Figuren. Damit ist der Beweis geliefert.

1) Es gibt auch hier zwei solche Ebenenscharen.

Gemäß dem so bewiesenen Grundsatz kann man also die Richtungen und Längen dreier von einem Punkt ausgehender Geraden stets als axonometrische Bilder der drei Kanten eines räumlichen Dreikants auffassen, insbesondere auch eines orthogonalen gleichseitigen. Für diesen Fall bevorzugt man meist die oben genannte schiefe Projektion, besonders die Fälle, daß die y-Achse einen Winkel von 45^0 oder 30^0 mit der x-Achse bildet (Kavalierperspektive). Die anschaulichsten Bilder erhält man vielfach so, daß man auch die x-Achse nicht senkrecht gegen die z-Achse annimmt. Die z-Achse nimmt man im allgemeinen vertikal an.

Als Beispiele können zunächst alle Figuren dienen, die im vorstehenden dem axonometrischen Grundsatz gemäß gezeichnet worden sind; eine Reihe anderer möge hier folgen.

1. Eine sechseckige reguläre Säule so zu zeichnen, daß ihre Kanten vertikal werden (Fig. 76). Beliebig wählbar sind die beiden Geraden, die zwei Seiten der Grundfläche entsprechen; sie mögen durch AB und AF dargestellt werden. Zieht man nun durch B eine Parallele zu AF, und durch F eine Parallele zu AB, so hat man in ihrem Schnittpunkt M das Bild des Mittelpunktes des dem Sechseck umschriebenen Kreises. Durch Verlängerung von AM, BM, FM über M um sich selbst erhält man daher die Punkte D, E, C. Gleichlange Vertikalen in A, B, C, D, E, F liefern endlich die Punkte der oberen Grundfläche.[1])

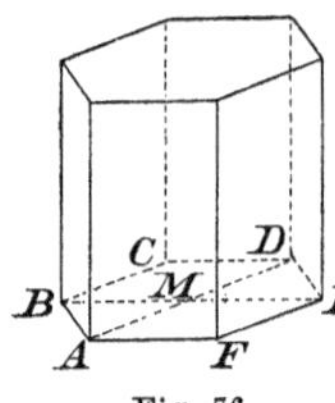

Fig. 76.

2. Die acht Ecken eines Würfels lassen sich in zwei Gruppen von je vieren zerlegen, die je ein reguläres Tetraeder bilden; jedes Tetraeder enthält sechs Flächendiagonalen als Kanten. In Fig. 77 sind $AEFG$ und $HBCD$ zwei solche Tetraeder.[2]) Man soll ihre Durchdringungsfigur zeichnen.

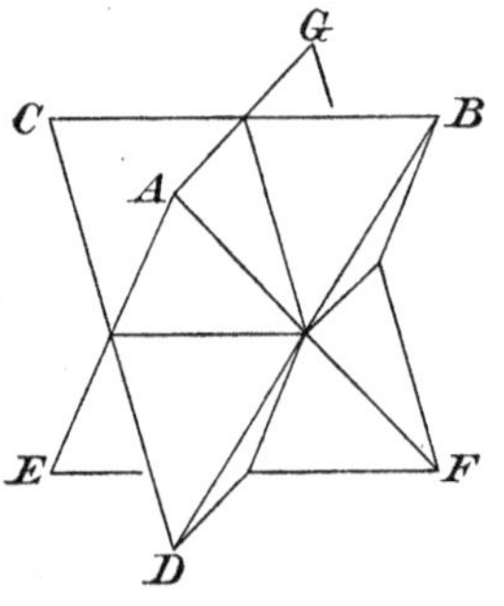

Fig. 77.

Man zeichne zunächst den Würfel selbst in irgend einer axonometrischen

1) Man kann das Sechseck auch so zeichnen, daß man zunächst diejenigen Geraden beliebig annimmt, die irgend zwei von M ausgehenden Strecken entsprechen.

2) Die ursprünglich gezeichneten Würfelkanten sind nachträglich getilgt worden.

Darstellung. Man beachte nun, daß jeder Mittelpunkt einer Würfelfläche Schnittpunkt zweier Flächendiagonalen ist, also der Durchdringungsfigur beider Tetraeder angehört. Damit sind die Durchdringungsgeraden beider Tetraeder bestimmt; sie bilden das Oktaeder, dessen Ecken in die Mitten der Würfelflächen fallen. Nur vier von ihnen sind sichtbar; nämlich diejenigen, die von der Mitte der vorderen Würfelfläche ausgehen.

3. Ein reguläres Rhombendodekaeder zu zeichnen. Eine Ebene, die durch die Mitte eines Würfels geht und zwei Kanten enthält, werde als Diagonalebene bezeichnet. Dann entsteht das Rhombendodekaeder so aus dem Würfel, daß man durch jede der zwölf Würfelkanten eine Ebene legt, die auf der hindurchgehenden Diagonalebene senkrecht steht. Diese Ebenen sind die 12 Begrenzungsflächen des Rhombendodekaeders; aus der Symmetrie des Würfels folgt, daß die in ihnen entstehenden Begrenzungspolygone kongruente Rhomben sind. Je vier, die durch die vier Kanten einer Würfelfläche gehen, bilden überdies eine quadratische Pyramide mit dieser Würfelfläche als Grundfläche, und zwar ist leicht ersichtlich, daß ihre Höhe gleich der halben Würfelkante ist. Die Ecken des Rhombendodekaeders bestehen also aus den sechs Spitzen dieser Pyramide und den acht Würfelecken.

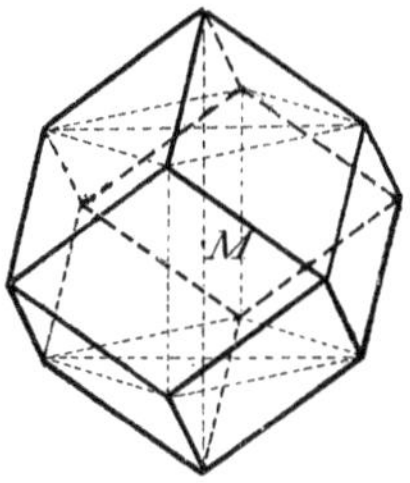

Fig. 78.

Man erhält es daher am einfachsten, indem man vom Würfel ausgeht, auf seine Flächen vom Mittelpunkt M die Lote fällt, und diese um sich selbst verlängert (Fig. 78).[1])

4. Einen vierseitigen Pyramidenstumpf zu zeichnen (Fig. 79). Wir gehen von einer dreiseitigen Pyramide aus, deren Spitze O, deren Grundfläche $ABC = \gamma$ und deren Kanten a, b, c seien; eine gewisse, noch unbestimmt bleibende Ebene γ_1 möge sie in dem Dreieck $A_1B_1C_1$ schneiden. Aus dem Pohlkeschen Satz folgt zunächst, daß die axonometrischen Bilder von O', A', B', C' und damit auch die Bilder a', b', c' beliebig wählbar sind. Ebenso können wir aber auch die Bildpunkte A_1', B_1', C_1' auf a', b', c' beliebig annehmen; ihnen entsprechen stets gewisse Raumpunkte A_1, B_1, C_1, so daß durch die Wahl von A_1', B_1', C_1'

1) In der Figur ist diese Konstruktion nur für die obere und untere Grundfläche des Würfels angedeutet worden.

die Ebene γ_1 festgelegt ist.[1]) Die Punkte D und D_1, die von γ und γ_1 auf einer vierten durch O gehenden Kante bestimmt

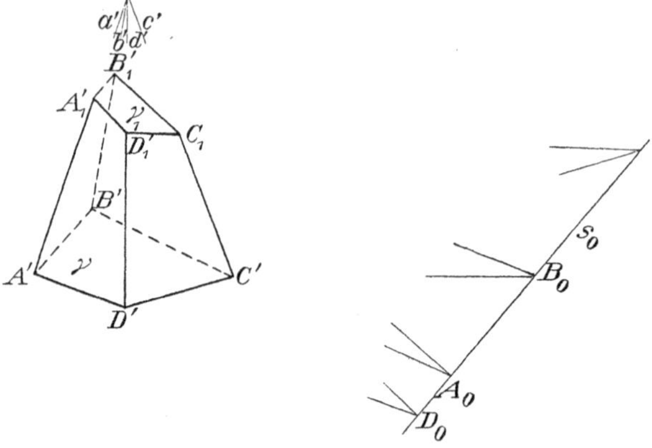

Fig. 79.

werden, sind jedoch nicht mehr beide willkürlich; vielmehr ergibt sich alles weitere auf Grund des in § 4 abgeleiteten Satzes von Desargues. Aus ihm folgt zunächst, daß die drei Schnittpunkte

$$A_0 = (B'C',\ B_1'C_1'),\quad B_0 = (C'A',\ C_1'A_1'),\quad C_0 = (A'B',\ A_1'B_1')$$

auf einer Geraden s_0 liegen, die das axonometrische Bild der Schnittlinie von γ und γ_1 ist.[2]) Auf ihr können wir nun einen Punkt D_0 beliebig annehmen und festsetzen, daß er Schnittpunkt von s_0 mit der durch O gehenden Ebene $(ad) = \delta$ sein soll, und können außerdem auch die Bildkante d' beliebig zeichnen; sie muß notwendig Bild einer gewissen in δ liegenden Kante d sein. Um endlich D' und D_1' zu finden, haben wir wieder D_0 mit A' und A_1' zu verbinden und die Schnittpunkte dieser Geraden mit d' zu bestimmen. Sie liefern uns die Punkte D' und D_1'. Übrigens schneiden sich auch die Geraden $B'D'$ und $B_1'D_1'$, sowie $C'D'$ und $C_1'D_1'$ auf s_0, was zeichnerische Überbestimmungen liefert.

Ebenso kann man mit jeder weiteren durch O' angenommenen Kante verfahren und den zugehörigen Stumpf leicht konstruieren.

---

1) Wir konnten daher die Figur 13 (S. 14) als Bild eines dreiseitigen Pyramidenstumpfes betrachten.

2) In Fig. 79 fällt C_0 in den unendlich fernen Punkt von s_0.

In gleicher Weise kann man auch den Schnitt eines geraden Zylinders oder geraden Kegels mit einer Ebene punktweise konstruieren.[1])

5. Ein reguläres Kubooktaeder zu zeichnen (Fig. 80). Ein Kubooktaeder entsteht so aus einem Oktaeder, daß man die sechs Ecken des Oktaeders mittels eines ihm konzentrischen und koaxialen regulären Würfels abschneidet. Man erhält es also am einfachsten, indem man an jeder Oktaederecke auf den vier von ihr ausgehenden Kanten die nämliche Strecke abschneidet. Die auf den Oktaederflächen entstehenden Begrenzungspolygone sind im allgemeinen Sechsecke; bei besonderer Wahl des Würfels werden sie Quadrate.[2])

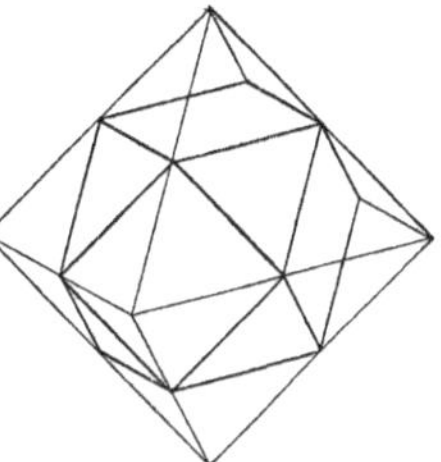
Fig. 80.

6. Einen Kugeloktanten in schiefer Projektion zu zeichnen (Fig. 81). Seien OA, OB, OC die drei aufeinander senkrechten Radien, die den Oktanten bestimmen, und OA, OB', OC ihre axometrischen Bilder, so handelt es sich um die Herstellung der Bilder der in den Ebenen OBC und OAC liegenden Kreisbogen. Sie sind Teile von Ellipsen, die punktweise konstruiert werden müssen. Sie ergeben sich leicht auf Grund der Tatsache, daß bei der axonometrischen Darstellung alle zueinander parallelen Ordinaten eines Kreises gemäß § 5, 3 in demselben Maße verkürzt werden. Zur Ausführung der Zeichnung können wir jeden Kreisbogen benutzen, der dazu tauglich ist. Um z. B. den Ellipsenbogen $\widehat{AB'}$ zu erhalten, gehen wir von dem Kreisquadranten OAC aus, errichten in einem beliebigen Punkt Q von OA das Lot QP und konstruieren P' so, daß $QP' \parallel OB'$ und $PP' \parallel B'C$ ist, und machen dies für so viele Punkte, als nötig ist. Analog erhält man den Ellipsenbogen $B'C$.[3])

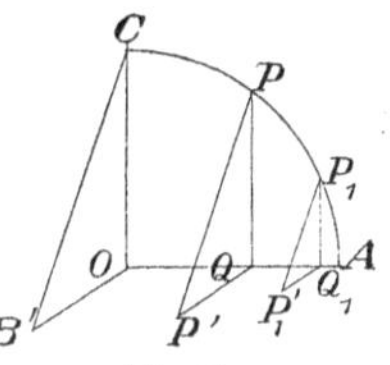

Fig. 81.

Wichtig ist, daß die Tangenten dieser Ellipsenbogen in den Endpunkten nicht gegen die ihnen zukommende Richtung verstoßen (§ 1, III). Sie sind Projektionen der bezüglichen Kreistangenten; daher müssen die Tangenten des Bogens $\widehat{AB'}$ in A und

1) Eine andere Konstruktion ist in § 15 angegeben.
2) Vgl. den Anhang, 10.
3) Die Ellipsenbogen selbst enthält z. B. Figur 83.

B' den Geraden OB' und OA parallel sein, und die des Bogens $B'C$ in B' und C parallel zu OC und OB' (vgl. Fig. 83).

7. Die Durchdringungsfigur zweier kongruenten Kreiszylinder zu zeichnen, deren Grundflächen so in zwei zueinander senkrechten Ebenen liegen, daß ihre Mittelpunkte zusammenfallen (Fig. 82).

Wir beschränken uns auf einen Oktanten und konstruieren zunächst gemäß 6. den Ellipsenbogen $B'A$, der dem Kreisbogen der Ebene OAB entspricht. Zieht man nun in einem Punkt Q von OA die Geraden $QP \parallel OC$ und $QP' \parallel OB'$, und bestimmt den Punkt R so, daß $PR \parallel QP'$ und $P'R \parallel QP$ ist, so ist R ein Punkt der Durchdringungskurve. Sie ist offenbar eine Ellipse.

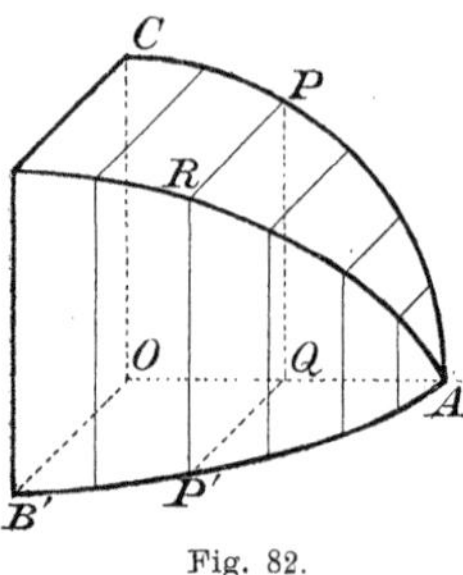

Fig. 82.

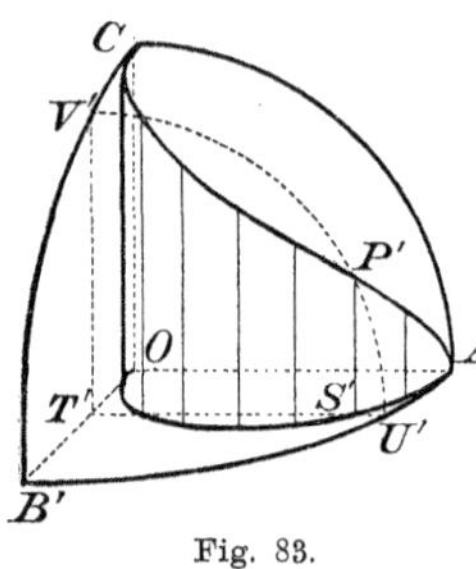

Fig. 83.

8. Die Durchdringung einer Kugel mit einem Kreiszylinder zu zeichnen, dessen Grundkreis k den halben Kugelradius als Radius hat, und von dem eine Erzeugende l durch den Mittelpunkt der Kugel geht (Fig. 83).

Wir beschränken uns wieder auf einen Oktanten, wählen die Erzeugende l als z-Achse und den Grundkreis k des Zylinders als xy-Ebene, und zeichnen zunächst wieder die dem Kugeloktanten entsprechenden Ellipsenbogen OAB' und OCB', wie auch die dem Grundkreis k entsprechende Ellipse. Ist S' ein Punkt dieser Ellipse, so kann man das innerhalb des Kugeloktanten liegende Stück $S'P'$ der durch S' gehenden Zylinderkante so zeichnen, daß man sich durch S eine zu OAC parallele Ebene gelegt denkt. Sie schneidet die Kugel in einem Kreis, der den Punkt P enthält, und dessen axonometrisches Bild ebenfalls ein Kreis ist; man hat also nur den Radius dieses Kreises zu finden. Zieht man nun durch S die Gerade $TU \parallel OA$, und durch T die Gerade $TV \parallel OC$, so ist $TU = TV$ dieser Radius. Er ergibt sich wieder in der unter 6. genannten Art.

9. Endlich ist noch die Herstellung der axonometrischen Bilder aus den Koordinatenwerten oder aus Grundriß und Aufriß zu erörtern.

Man wird diese Methode immer dann wählen müssen, wenn die zu zeichnenden Gegenstände nur durch ihre Koordinaten gegeben sind; man verfährt dann in üblicher Weise so, daß wenn x, y, z die Koordinaten sind, man einen Streckenzug $OPQR$ konstruiert, dessen Seiten den Achsen parallel sind, und deren Länge sich so ergibt, daß man die gegebenen Koordinatenwerte mit den ihnen entsprechenden Verkürzungsfaktoren multipliziert. (Fig. 84). Beispielsweise kann man auf diese Weise den Mittelpunkt des Kugeloktanten im letzten Beispiel finden. Für ihn hat man $x = y = z = {}^1/\sqrt{3}$, und kann daher den Streckenzug leicht herstellen.

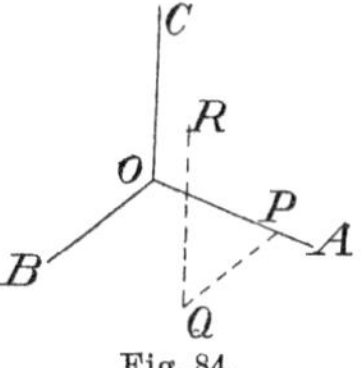

Fig. 84.

Ebenso kann man verfahren, wenn ein Gegenstand durch Grundriß und Aufriß gegeben ist. Durch sie sind freilich nur zwei Koordinaten bestimmt. Nimmt man aber eine zur Achse senkrechte Gerade beliebig an, so kann man sie als Spur einer dritten zur Grundriß- und Aufrißebene senkrechten Ebene betrachten, und erhält in den Abständen von ihr die dritten Koordinaten. Auf Beispiele dieser Art kommen wir in § 15 zurück.

Die wesentlichste Aufgabe des Zeichners besteht auch hier in der Überlegung, wie man am einfachsten zu den Bildfiguren gelangt. Will man z. B. in Aufgabe 6. noch die Kreise zeichnen, die die Winkel des Oktanten halbieren, so wird man am besten jeden mittels eines solchen Kreises herstellen, der in der Zeichnungsebene liegt, was möglich ist.

§ 15. Der scheinbare Umriß.

Wir wenden uns zu einem letzten Gesetz allgemeiner Art, das für jede ebene perspektive Abbildung in gleicher Weise erfüllt ist, und schicken einige einfache Tatsachen voraus.

Eine Kugel, die wir betrachten, erscheint uns stets unter dem Bild einer Kreisfläche. Jede auf der Kugel verlaufende Kurve muß daher im Bilde ganz innerhalb dieser Fläche liegen. Der die Kreisfläche umrandende Kreis heißt deshalb scheinbarer Umriß der Kugel. Hierin ist ein allgemeines Gesetz enthalten, zu dessen Erörterung wir nun übergehen.[1])

1) Die Beweisgründe sind im folgenden teilweise der Anschauung entnommen.

1. Ist P ein Punkt einer krummen Fläche Ω, so existiert in ihm eine Tangentialebene τ, die folgendermaßen definiert ist: Wird durch den Punkt P auf der Fläche Ω eine Kurve c gezogen, und im Punkte P ihre Tangente t konstruiert, so fällt diese, welches auch die Kurve c sein mag, in die Ebene τ (Fig. 85). Enthält also die Fläche insbesondere eine durch P gehende Gerade, so ist diese als ihre eigene Tangente zu betrachten und muß daher ganz in τ enthalten sein.

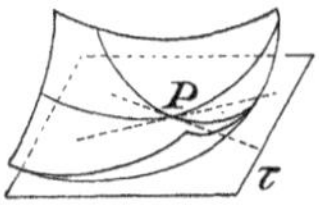

Fig. 85.

2. Die Ebene, die eine Kegelfläche Φ in einem Punkte P einer ihrer Kanten k berührt, enthält diese Kante und ist zugleich Tangentialebene der Kegelfläche in jedem anderen Punkt dieser Kante k. Sie geht überdies durch den Scheitel des Kegels.

3. Auf dem Kegel Φ denke man sich nun eine durch den Punkt P gehende Kurve c und schneide aus dem Kegel durch eine Ebene ε', die nicht durch seine Spitze S gehen soll, die Kurve c' aus, so kann man sie als Projektion der Kurve c von S auf ε' auffassen. Sei P' wieder der Punkt von ε', der dem Punkt P der Kurve c entspricht. Dann besteht der Satz:

I. Die Tangente der ebenen Kurve c' im Punkt P' ist die Projektion der Tangente t, die die Kurve c im Punkte P berührt.

Die Tangentialebene τ, die den Kegel in P berührt und die Tangente t enthält, geht nämlich gemäß 2. durch den Scheitel S des Kegels; mithin ist die Projektion von t in ε' die Schnittlinie von ε' mit τ. Andererseits ist die Tangente der ebenen Kurve c' in P' gemäß 2. ebenfalls in τ enthalten, und da sie auch in ε' liegen muß, so ist sie gleichfalls Schnittlinie von ε' mit τ. Damit ist der Satz bewiesen. Man kann ihn kurz so aussprechen, daß die Tangente der Projektion gleich der Projektion der Tangente ist.

4. Der vorstehende Satz kann allerdings eine Ausnahme erleiden, nämlich dann, wenn die Tangente t der Kurve c in die Kegelkante k fällt. Die Projektion von t reduziert sich dann auf den Punkt P' selbst. Die Gestalt der Kurve c' im Punkt P' hängt alsdann davon ab, ob die Kegelkante k für die Kurve c eine gewöhnliche oder eine Wendetangente ist. Im ersten Fall hat c' offenbar im Punkte P' eine Spitze.

5. Sei nun Ω die Oberfläche eines Körpers Σ, der ebenflächig oder krummflächig begrenzt sein kann, und sei wieder

S_0 das im Auge liegende perspektivische Zentrum. Dann lassen sich alle durch S_0 gehenden Strahlen in zwei Gattungen teilen, je nachdem sie mit Σ mindestens einen oder keinen Punkt gemein haben. Die ersten erfüllen einen gewissen Raumteil V des Bündels S_0, dessen Oberfläche eine kegelartige Fläche Φ mit dem Scheitel S_0 ist, und zwar enthält jede Kegelkante mindestens einen Punkt der Oberfläche Ω von Σ. Sie kann unter Umständen auch mehr als einen Punkt von Σ enthalten.[1]) Ist Ω insbesondere eine krumme Fläche, so ist der Kegel Φ nichts anderes als der von S_0 an die Fläche gelegte Tangentialkegel, und jede Tangentialebene dieses Kegels ist zugleich eine Tangentialebene der Fläche Ω.

6. Die Gesamtheit aller Punkte der Oberfläche Ω, die zugleich dem Kegel Φ angehören, wollen wir durch u bezeichnen. Da dieser Kegel seine Spitze in S_0 hat, so liefert uns sein Schnitt mit der Bildebene β die Bildkurve u' von u. Wir bezeichnen sie als den scheinbaren Umriß oder als Umrißkurve; offenbar schließt sie dasjenige Flächenstück der Bildebene β ein, in dem die Bildpunkte der sämtlichen Punkte von Σ enthalten sind.

7. Ist Ω eine krumme Fläche, was wir von nun an ausschließlich annehmen, so ist u die Kurve, längs deren der Tangentialkegel Φ die Fläche Ω berührt.[2]) Beide Flächen haben daher in jedem Punkt P dieser Kurve dieselbe Tangentialebene; mit anderen Worten, die Tangentialebene τ der Fläche Ω in einem Punkt P von u geht stets durch den Scheitel S_0.

8. Sei nun c irgendeine auf der Fläche Ω verlaufende Kurve, die ebenfalls durch P geht, und c' ihre Bildkurve in β, so wird c' jedenfalls durch den Punkt P' gehen. Es läßt sich aber auch zeigen, daß sich die beiden Kurven c' und u' im allgemeinen in P' berühren. Sind nämlich t_c und t_u die Tangenten der Kurven c und u im Punkte P, so liegen sie gemäß 1. beide in der Tangentialebene τ. Diese Tangentialebene geht aber, wie wir eben sahen, durch S_0 hindurch, und das heißt nichts anderes, als daß τ die Ebene ist, deren Schnitt mit β sowohl das Bild t_c' von t_c als auch das Bild t_u' von

1) Ist z. B. Σ ein Polyeder, und geht eine Ebene dieses Polyeders durch S_0, so gibt es Kegelkanten, die in diese Ebene fallen, und denen ein ganzes Stück der Oberfläche Φ angehört.

2) Da ein Irrtum nicht entstehen kann, wird auch u als Umrißkurve bezeichnet werden.

t_u ergibt. Daher sind t_c' und t_u' identisch, womit der Satz bewiesen ist. Also folgt:

II. Die auf der Oberfläche Ω von Σ verlaufenden Kurven c haben im allgemeinen die Eigenschaft, daß ihre Bildkurven den scheinbaren Umriß berühren.

Eine Ausnahme kann nur eintreten, wenn die Tangente t_c durch S_0 geht; nur dann versagt die vorstehende Beweisführung. Dann reduziert sich das Bild t_c in β auf einen Punkt, und die Kurve c' kann in P' eine Spitze erhalten. Ein Kreuzen beider Kurven ist aber ausgeschlossen, denn aus der Definition von u' folgt unmittelbar, daß c' ganz dem durch u' begrenzten Flächenstück angehören muß.

Die einfachsten Beispiele erhalten wir, wenn wir zur Darstellung durch Grundriß und Aufriß oder zur axonometrischen Darstellung übergehen.

1. Eine Schraubenlinie in Grundriß und Aufriß darzustellen (Fig. 86). Wird die Grundrißebene auf den Zylinderkanten senkrecht gewählt, so ist der Grundriß mit dem Grundkreis k des Zylinders identisch. Den Aufriß konstruiert man punktweise, indem man den Grundkreis in n gleiche Teile teilt, und die den Teilpunkten entsprechenden Aufrißprojektionen proportional zunehmen läßt. Sind A, B, C, D ... die Teilpunkte auf dem Kreise, und ist d eine beliebige Länge, so hat man

$$B_2B_0 = d, \quad C_2C_0 = 2d, \quad D_2D_0 = 3d \ldots$$

zu machen. Der scheinbare Umriß besteht aus zwei Geraden, die Projektionen zweier Zylindergeraden sind; sie werden von der Schraubenlinie abwechselnd berührt, und zwar in Punkten, die im konstanten Abstand $2h$ aufeinanderfolgen, wenn h die Höhe eines halben Schraubenganges ist. Der Aufriß ist in diesem Fall eine einfache Wellenlinie.

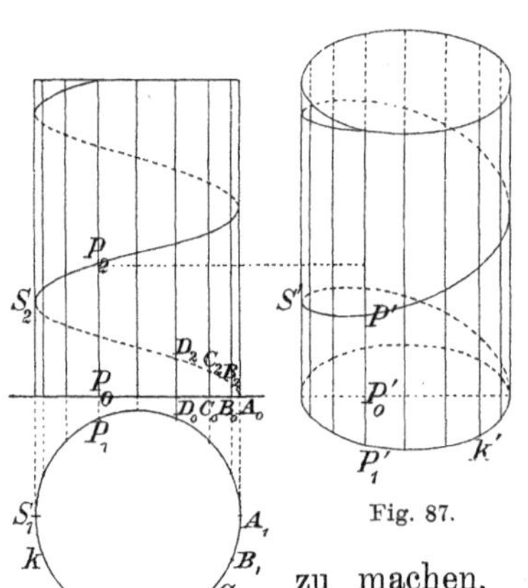

Fig. 86.

Fig. 87.

2. Um dieselbe Schraubenlinie in derjenigen schiefen Projektion zu zeichnen, bei der die y-Achse in die Richtung der negativen z-Achse fällt, verfährt man am einfachsten in der

Weise, daß man sich zunächst gemäß § 14 die Ellipse k' punktweise herstellt, die Bild des Grundkreises k ist. (Fig. 87.) Ist dann P_1' der Bildpunkt des Punktes P_1 von Figur 86[1]), so erhält man den Bildpunkt P' des Schraubenlinienpunktes P in der Weise, daß man die z-Koordinate $P_0 P_2$ um die Strecke $P_0' P_1'$ verkürzt, also $P_1' P' = P_0 P_2$ macht. Auch hier berührt das Bild der Schraubenlinie den von den beiden äußersten Erzeugenden gebildeten scheinbaren Umriß.

Wird die Projektionsrichtung so gewählt, daß sie der Tangente im Punkte S parallel ist, so erhält die Bildkurve in S' eine Spitze, die senkrecht gegen die Zylindergerade verläuft.

In dieser Weise kann man auch mit andern auf dem Zylinder verlaufenden Kurven verfahren, deren Grundriß und Aufriß leicht herstellbar ist. Um z. B. eine Ellipse zu zeichnen, die durch eine Ebene ε ausgeschnitten wird, wähle man die Aufrißebene zu ε senkrecht; dann reduziert sich der Aufriß auf eine Gerade, nämlich auf den Schnitt von ε mit der Aufrißebene. Ähnlich kann man auch Kurven zeichnen, die auf einem geraden Kegel verlaufen.

3. Eine Kreisscheibe mit einem in der Mitte befindlichen zylindrischen Loch zu zeichnen (Fig. 88).

Wir erhalten die einfachste Darstellung, indem wir wiederum die y-Achse in die Richtung der negativen z-Achse fallen lassen.

Bei dieser Darstellung werden die beiden Kreise G und H, die die äußere zylindrische Fläche begrenzen, zu kongruenten Ellipsen, deren Mittelpunkte vertikal übereinanderliegen, und das gleiche gilt für die Grenzkreise g und h des inneren Zylindermantels. Man erhält sie wie im vorstehenden Paragraphen. Es gibt einen äußeren und einen inneren scheinbaren Umriß. Der äußere besteht aus Teilen der Ellipsen G und H und zwei parallelen Geraden; diese sind Bilder der beiden Zylinderkanten, längs deren die Tangentialebenen des Zylinders zur yz-Achse parallel sind. Diese beiden Geraden müssen daher die Ellipsen be-

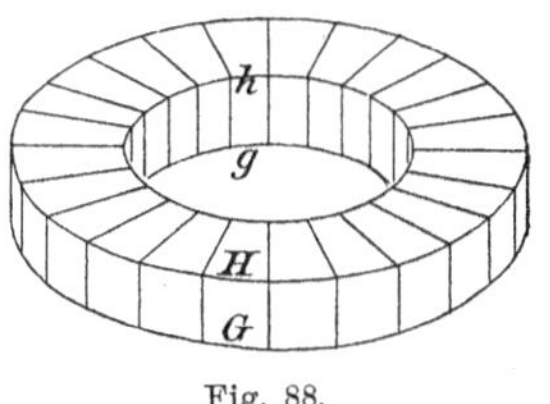

Fig. 88.

1) Man beachte, daß sich der Zylinder unsern Festsetzungen gemäß (§ 10) hinter der Aufrißebene befindet, so daß der Grundriß beim Zurückdrehen hinter die Ebene des Papiers tritt.

rühren. In den inneren scheinbaren Umriß gehen im vorliegenden Fall nur Teile von g und h ein. Zu beachten ist, daß die bezüglichen Teile von g und h in der Figur unter einem spitzen Winkel zusammentreffen; die Kreuzungspunkte müssen deshalb, um einen deutlichen Gesichtseindruck hervorzubringen, scharf zu erkennen sein.

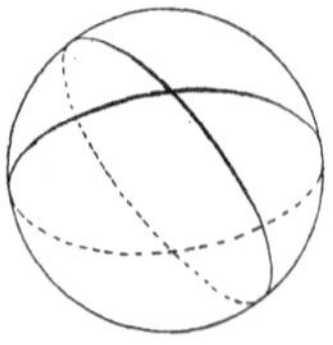

Fig. 89.

4. Eine Kugel mit einigen ihrer größten Kreise in orthogonaler Projektion zu zeichnen (Fig. 89).

Derjenige größte Kreis, der zur Bildebene parallel liegt, liefert den scheinbaren Umriß. Die anderen größten Kreise berühren ihn; man erhält ihre Bilder gemäß § 14.[1])

5. Der scheinbare Umriß ergab sich bisher unmittelbar in der Weise, daß wir die Bilder der in ihn eingehenden Kurven direkt zeichnen konnten. In den weniger einfachen Fällen wird er jedoch, wie es seiner Natur entspricht, nur als Enveloppe konstruierbar sein. Ich gebe auch hierzu noch einige einfachere Beispiele.

Um zunächst einen Kreisring in derselben axonometrischen Darstellung zu zeichnen, die vorher benutzt wurde, geht man am besten von einer Figur aus (Fig. 90), die den Schnitt des Ringes mit einer durch die Rotationsachse (z-Achse) gehenden Ebene darstellt; die so entstehende Schnittfigur besteht aus den beiden Kreisen k_1 und k_2. Wir zeichnen nun zunächst wieder

1) Das Auge ist durchaus gewöhnt, Bilder, die sich auf die Kugel beziehen, in orthogonaler Projektion dargestellt zu sehen. Wahrscheinlich beruht es darauf, daß die Kugel dem Auge von jedem Punkte aus gleich erscheint, und zwar so, daß ihr wirklicher Umriß u ein Kreis ist. Es wünscht daher auch den scheinbaren Umriß u' als Kreis zu sehen. Dies ist aber nur für die orthogonale Projektion der Fall. Bei schiefer Projektion ist der scheinbare Umriß eine Ellipse, doch projiziert sich auch bei ihr der zur Bildebene parallele größte Kreis in seiner natürlichen Form. Ihn pflegt man deshalb bei schiefer Projektion im Bilde zu zeichnen. Er wird aber von den Bildern der anderen größten Kreise im allgemeinen nicht berührt, sondern gekreuzt. Ein derartiges Bild entsteht z. B., wenn wir in Figur 83 den Kreisbogen AC zum ganzen Kreis und die Ellipsenbogen AB' und CB' zu den ganzen Ellipsen vervollständigen. Die Ellipse, die in diesem Fall den scheinbaren Umriß darstellt, würde diese Kurven wieder berühren. Doch ist ein so gezeichnetes Bild dem Auge trotz seiner Richtigkeit aus den genannten Gründen ungewohnt und wird deshalb besser vermieden. Für einzelne Teile der Kugel ist dies, wie die Figuren zeigen, nicht der Fall.

die axonometrischen Bilder der Kreise a_1 und a_2[1]), in denen der Ring von der Äquatorebene geschnitten wird, sowie die Bilder des oberen und unteren Berührungskreises b_1 und b_2. Die Durchmesser dieser Kreise sind aus der Durchschnittfigur unmittelbar zu entnehmen; ihre Bilder sind Ellipsen, die wir ebenso wie bei den vorstehenden Aufgaben, zu konstruieren haben.[2])

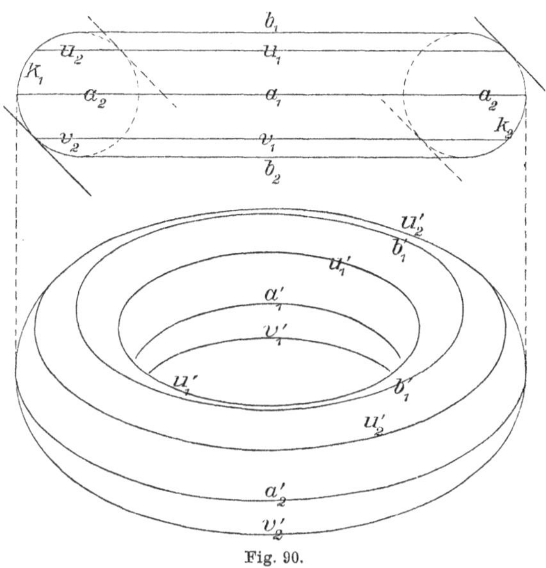

Fig. 90.

Um den scheinbaren Umriß zu erhalten, wollen wir diesmal einige seiner Punkte direkt konstruieren, und zwar solche, die Punkten der yz-Ebene entsprechen. Die Richtung der projizierenden Parallelstrahlen nehmen wir in bestimmter Weise als gegeben an. Sei φ der Winkel, den sie mit der z-Achse bilden. Zeichnet man dann in der Durchschnittfigur die Geraden, die mit der z-Achse den Winkel φ bilden und die Kreise k_1 und k_2 berühren, so bestimmen diese Berührungspunkte, wie leicht ersichtlich, diejenigen Parallelkreise u_1, u_2 und v_1, v_2 des Kreisrings, deren in der yz-Ebene liegende Punkte den Umrißkurven angehören. Die Durchmesser dieser Parallelkreise sind aus der Figur unmittelbar zu entnehmen. Deren Bilder zeichnen wir ebenfalls axonometrisch und können nunmehr die Umrißkurven als Enveloppen der sämtlichen vorhandenen Ellipsen herstellen. Jede dieser Ellipsen besitzt Punkte, die dem scheinbaren Umriß angehören.

Auch hier ist zu beachten, daß der innere Teil des scheinbaren Umrisses, wie im vorigen Beispiel, in zwei Teile zerfällt,

---

1) Der Index 1 entspricht hier und im folgenden dem inneren, der Index 2 dem äußeren Kreis.

2) Das Bild des Kreises b_2 fehlt in der Figur, da er unsichtbar ist.

die unter einem spitzen Winkel zusammenstoßen. Gerade diese Eigenschaft des Bildes ist für das Hervorbringen eines guten optischen Eindruckes wesentlich.

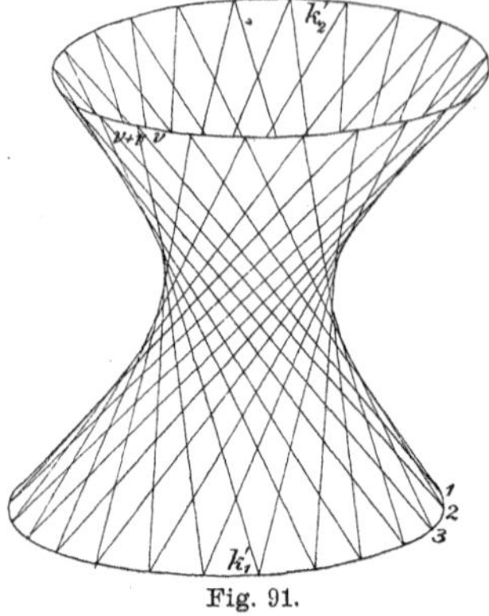

Fig. 91.

6. Ein Rotationshyperboloid H axonometrisch in schiefer Projektion zu zeichnen. (Fig. 91).

Sind k_1 und k_2 zwei Kreise des Hyperboloids, deren Ebenen vom Mittelpunkt gleichen Abstand haben, so wird jede Gerade des Hyperboloids diese Kreise in zwei solchen Punkten P_1 und P_2 schneiden, daß die Ebenen, die P_1 und P_2 mit der Hauptachse verbinden, einen konstanten Winkel einschließen. Darauf beruht die folgende Konstruktion.

Man zerlege k_1 und k_2 in gleich viele Teile, bezeichne die senkrecht übereinanderliegenden Teilpunkte durch gleiche Ziffern und konstruiere gemäß § 14 deren axonometrische Bilder. Dann verbinde man den Punkt 1 von k_1' mit dem Punkt ν von k_2', ebenso 2 von k_1' mit $\nu + 1$ von k_2' und fahre so fort, so erhält man das Bild der einen Geradenschar.[1]) Die andere erhält man ebenso, wenn man die Punkte $1, 2, \ldots$ von k_2' mit $\nu, \nu + 1, \ldots$ von k_1' verbindet. Alle diese Geraden müssen den scheinbaren Umriß berühren. Dieser ist daher nichts anderes als die Enveloppe unserer Geradenscharen. Um die Figur anschaulich zu machen, sind nur diejenigen Stücke der Geraden gezeichnet worden, die auf dem vom Auge S_0 sichtbaren Teil des Hyperboloids liegen.

§ 16. Die stereographische Projektion.

Außer den auf der Perspektive beruhenden bildlichen Darstellungen sind für besondere Zwecke andere Abbildungsmethoden im Gebrauch. Eine der wichtigsten ist die stereographische Projektion.

Die stereographische Projektion kann noch als Sonderfall der allgemeinen Perspektive angesehen werden, mit der Maßgabe, daß nur die Punkte einer Kugelfläche der Abbildung

1) In der obigen Figur ist $\nu = 9$.

unterworfen werden. Man fasse auf der Kugel (Fig. 92)[1]) zwei Endpunkte eines Durchmessers in Betracht, die wir Nordpol N und Südpol S nennen wollen, lege im Südpol S die Tangentialebene ε', betrachte den Nordpol N als den Scheitel der perspektiven Beziehung und die Tangentialebene ε' als die Bildebene, ziehe durch N einen beliebigen Strahl, der die Kugel in einem Punkt A und die Tangentialebene in A' schneide, und hat damit dem Punkt A der Kugel den Bildpunkt A' der Ebene ε' zugewiesen. Jedem durch N gehenden Strahl, der die Kugel noch in einem zweiten von N verschiedenen Punkt schneidet, entspricht so ein Bildpunkt A', während umgekehrt auch zu jedem Punkt B' der Ebene ein Punkt B der Kugel gehört, nämlich der stets vorhandene Punkt B, in dem der Strahl NB' die Kugel außer in N durchdringt. Der Punkt S ist mit seinem Bildpunkt identisch.

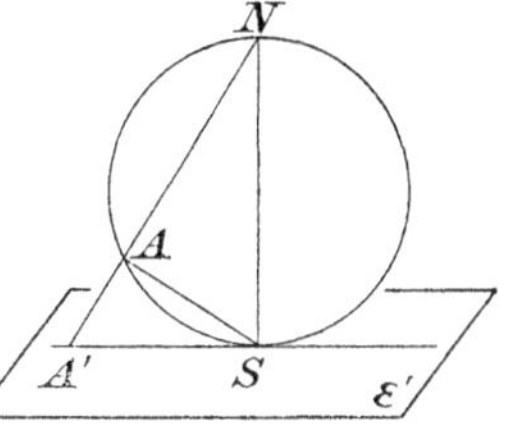

Fig. 92.

Eine Ausnahme tritt nur für den Punkt N selbst ein und für die Strahlen, die die Kugel in N berühren. Sie sind der Ebene ε' parallel. Will man auch hier das Gesetz des eineindeutigen Entsprechens ausnahmslos gestalten, muß man wieder uneigentliche Punkte der Ebene ε' einführen; im Gegensatz zu § 6 hat dies aber hier so zu geschehen, daß man der Ebene nur einen uneigentlichen Punkt beilegt und ihn dem Punkt N als Bildpunkt zuweist. Dies erweist sich in der Tat als zulässig.[2])

Näher hierauf einzugehen, ist nicht nötig, da es für die praktischen Zwecke, die wir hier im Auge haben, nicht in Betracht kommt. Hat man nämlich eine stereographische Abbildung eines solchen Teiles der Oberfläche herzustellen, der den Nordpol enthält, so wird man den Punkt S als Zentrum der Projektion und als Bildebene ε' die Tangentialebene in N wählen.

Die Wichtigkeit und Nützlichkeit der stereographischen Projektion beruht auf folgenden zwei Sätzen:

I. Jedem Kugelkreis k entspricht als ebenes Bild ein Kreis k'.

II. Zwei Kugelkreise schneiden sich unter denselben Winkeln, wie ihre Bildkreise.

1) Die Figur enthält von der Kugel nur den größten Kreis NAS.
2) Vergleiche den Anhang, 11.

Den ersten Satz beweisen wir so, daß wir zeigen, daß gewissen Gruppen von vier Punkten A, B, C, D der Kugel, die auf einem Kreise k liegen, vier Bildpunkte entsprechen, die ebenfalls auf einem Kreise liegen.

Verbindet man (Fig. 92) S mit A, so ist SA eine Höhe des rechtwinkligen Dreiecks NSA', und daher besteht die Relation

1) $$NS^2 = NA \cdot NA'.$$

Sei nun k ein auf der Kugel liegender Kreis, η die ihn enthaltende Ebene, und e die Schnittlinie der Ebenen η und ε'. Wir nehmen auf dem Kreis k vier Punkte A, B, C, D so an, daß (Fig. 93)[1]) die Sehnen AB und CD sich auf e in einem Punkte O schneiden, und ziehen die vier Strahlen

$$NAA', \quad NBB', \quad NCC', \quad NDD'.$$

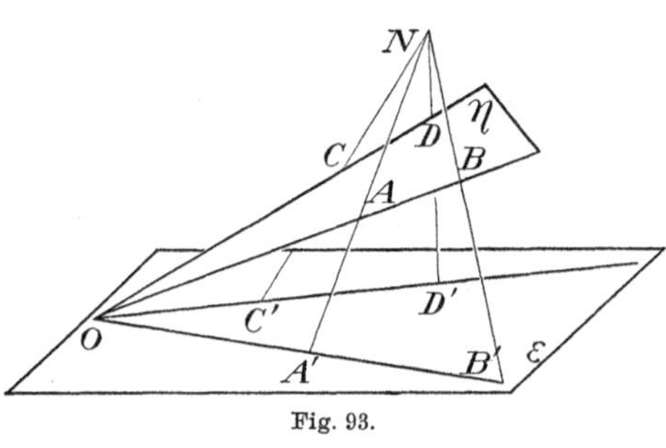

Fig. 93.

Ist dann α die Ebene NAB, und γ die Ebene NCD, so schneiden sich die drei Ebenen ε', α und γ ebenfalls in O; daher gehen durch ihn auch die Schnittlinien von je zweien dieser Ebenen hindurch, also auch die von α und ε' und die von γ und ε'. Auf der ersten liegen die Punkte A' und B', auf der zweiten C' und D', und wir folgern so, daß $OA'B'$ und $OC'D'$ je eine Gerade bilden. Wird nun die Relation 1) auf die Strahlen NA und NB angewandt, so folgt

2) $$NA \cdot NA' = NB \cdot NB',$$

und dies bedeutet, daß die vier Punkte A, B, A', B' auf einem gewissen Kreise k_a liegen. Andererseits schneiden sich AB und $A'B'$ in O, und daher folgt aus dem Sehnensatz für diesen Kreis k_a weiter

3) $$OA \cdot OB = OA' \cdot OB'.$$

In derselben Weise ergibt sich

$$OC \cdot OD = OC' \cdot OD'.$$

1) Die Figur soll nur die Lage der Geraden und Ebenen erkennen lassen. Die Gerade e ist in ihr nicht gezeichnet.

Nun ist aber, da A, B, C, D Punkte des Kreises k sind,

4) $$OA \cdot OB = OC \cdot OD,$$

also folgt schließlich

5) $$OA' \cdot OB' = OC' \cdot OD';$$

es liegen also in der Tat auch die Punkte A', B', C', D' auf einem Kreise. Da eine solche Relation für je zwei durch O gehende Geraden abgeleitet werden kann, ist damit das Bild k' von k als Kreis erwiesen.

Das Bild eines jeden durch N und S gehenden Meridians ist insbesondere eine durch S gehende Gerade, und das Bild jedes Parallelkreises ein Kreis mit dem Mittelpunkt S. Den Mittelpunkt eines beliebigen Kreises k' findet man auf Grund davon, daß es einen Durchmesser des Kreises k gibt, der in einen Durchmesser des Kreises k' übergeht, nämlich denjenigen, den die durch NS gehende auf k senkrechte Ebene enthält.

Um den Satz II zu beweisen, schicken wir zunächst folgende evidente Tatsachen voraus.

1. Sind k und k_1 zwei Kugelkreise, die sich in den Punkten P und P_1 schneiden, so sind die Winkel, die sie in P und P_1 bilden, einander gleich, und zwar sind diese Winkel identisch mit den Winkeln, die ihre Tangenten in P und P_1 bilden. Das gleiche gilt für zwei ebene Kreise.

2. Sind $k, k_1, k_2 \ldots$ Kugelkreise, die sich im Punkte P berühren, also in diesem Punkte dieselbe Tangente t haben, so berühren sich die Bildkreise $k', k_1', k_2' \ldots$ sämtlich in P', und haben in P' die Bildgerade t' als Tangente.

Man sieht nun zunächst, daß der Satz II in dem Fall evident ist, daß die Kugelkreise k und k_1 beide durch den Südpol S gehen, also ihre Tangenten t und t_1 in der Ebene ε' liegen. Dann gehen nämlich auch die Bildkreise k' und k_1' durch S, und deren Tangenten t' und t_1' sind mit t und t_1 identisch, woraus die Behauptung unmittelbar folgt.

Hieraus ergibt sich der Beweis des allgemeinen Falles folgendermaßen. Seien k und l irgend zwei Kugelkreise, die sich im Punkte P schneiden, sei (k, l) der von ihnen gebildete Winkel[1]), und seien k' und l' die Bildkreise, so ist zu zeigen, daß

1) $$\sphericalangle (k, l) = \sphericalangle (k' l')$$

1) Es gibt zwei solcher Winkel für k, l und k', l'; die obige Relation gilt naturgemäß für jedes Paar entsprechender Winkel.

ist. Gemäß 1. und 2. schließen wir dann zunächst, daß es zwei Kreise k_1 und l_1 gibt, die in P dieselben Tangenten haben, wie k und l, und überdies durch S gehen, und es ist

$$2)\qquad \sphericalangle(k, l) = \sphericalangle(k_1, l_1).$$

Die Bildkreise k_1' und l_1' gehen dann ebenfalls durch S, und gemäß 1. und 2. ist auch

$$3)\qquad \sphericalangle(k', l') = \sphericalangle(k_1', l_1').$$

Da nun aber auf Grund des eben bewiesenen Sonderfalles

$$4)\qquad \sphericalangle(k_1, l_1) = \sphericalangle(k_1', l_1')$$

ist, so folgt damit auch die Richtigkeit der Relation 1). Damit ist der Satz II in vollem Umfange bewiesen.

Die durch die stereographische Projektion vermittelte Abbildung wird deshalb als winkeltreu bezeichnet. Denkt man sich auf der Kugel ein sehr kleines Kugeldreieck, so entspricht ihm ein ebenes Kreisdreieck mit gleichen Winkeln, und da man diese Dreiecke in der Annäherung als geradlinig betrachten kann, so sagt man, daß die Abbildung in den kleinsten Teilen ähnlich ist. Abbildungen dieser Art heißen auch konform.

Als Beispiel behandeln wir diejenige Kugelteilung, die durch die sechs Diagonalebenen eines der Kugel einbeschriebenen Würfels entsteht. Durch jeden Würfeleckpunkt gehen drei von ihnen; wir haben also auf der Kugel sechs größte Kreise, die sich zu je dreien in einem Punkt schneiden. Den Würfel denken wir uns in der Stellung, die Figur 57 zeigt; die Diagonale AH fällt also mit der Achse NS zusammen.

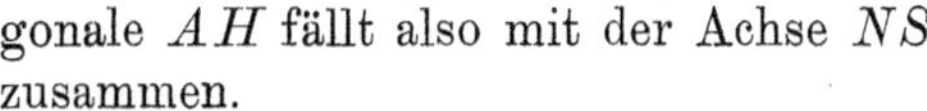

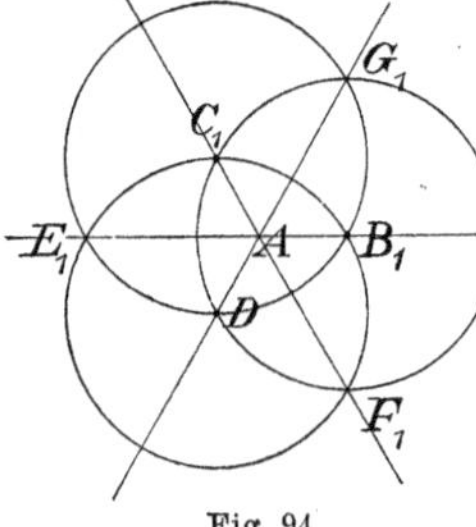

Fig. 94.

Die drei durch $NS = HA$ gehenden Kreise projizieren sich (Fig. 94) in je eine durch A gehende Gerade; jede von ihnen enthält die Bilder von zweien der Ecken B, C, D und E, F, G. Nur die Längen AB_1 und AE_1 sind noch zu ermitteln. Offenbar erhalten wir AB_1, indem wir in Figur 56 HB bis zum Schnitt B_1 mit der durch A gehenden Horizontalen verlängern; analog ergibt die Verlängerung von AB bis zum Schnitt mit der durch H gehenden Horizontalen die Länge von AE_1. Die

Kreise durch $B_1 C_1 E_1 F_1$, $C_1 D_1 F_1 G_1$ und $B_1 D_1 E_1 G_1$ liefern die Bilder der drei gesuchten Diagonalkreise unserer Kugelteilung.[1])

§ 17. Die Relief- und Theaterperspektive.

Um zwei Ebenen ε und ε_1 parallelperspektiv aufeinander zu beziehen[2]), genügt es gemäß § 5, 6 einem beliebigen Punkt P der Ebene ε einen beliebigen Punkt P_1 von ε_1 als entsprechenden zuzuweisen; die Verbindungslinie von P und P_1 bestimmt die Richtung der projizierenden Strahlen. Ferner schneiden sich gemäß Satz II von § 4 je zwei entsprechende Geraden g und g_1 beider Ebenen auf ihrer Schnittlinie s, die eine sich selbst entsprechende Gerade ist.

Wird die Ebene ε_1 um die Achse s in die Ebene ε hineingedreht, so wird g_1 im allgemeinen nicht mit g zusammenfallen. Es ist aber leicht, ein Paar entsprechender Geraden von ε und ε_1 zu finden, das diese Eigenschaft besitzt. (Fig. 95). Dazu braucht man nur, nachdem man ε_1 in ε hineingedreht hat, P_1 und P zu verbinden, so stellt diese Verbindungslinie ein Paar zusammenfallender Geraden dar. Ist nämlich G ihr Schnittpunkt mit s, so ist $G = G_1$, und die Geraden GP und $G_1 P_1$ sind daher auch für die ursprüngliche Lage von ε und ε_1 entsprechende Geraden beider Ebenen. Wir bezeichnen sie durch p und p_1.

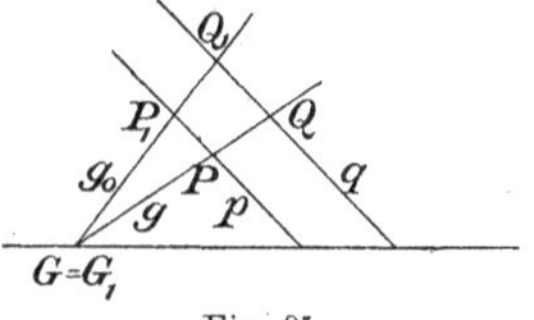

Fig. 95.

Auf diesen Geraden p und p_1 gibt es außer dem Punkt $G = G_1$ noch ein zweites Paar entsprechender Punkte, das bei der Vereinigung von ε_1 mit ε zusammenfällt, nämlich ihre unendlichfernen. Da wir es nämlich mit einer parallelperspektiven Beziehung zu tun haben, so sind (§ 6, I) die unendlichfernen Punkte von p und p_1 entsprechende Punkte beider Ebenen, andererseits ist klar, daß sie bei der Vereinigung von ε_1 mit ε zusammenfallen. Gibt es auf p und p_1 noch ein drittes Paar derartiger Punkte A und A_1, so müssen alle Paare entsprechender Punkte zusammenfallen; denn man hat $GA = G_1 A_1$, und der

1) Vgl. den Anhang, 12.

2) Es ist für das Folgende bequemer, die sonst immer durch ε und ε' bezeichneten Ebenen jetzt ε und ε_1 zu nennen.

zu p und p_1 gehörige Proportionalitätsfaktor ϱ hat daher den Wert 1. Dies wollen wir jedoch ausdrücklich ausschließen; insbesondere wird also auch der Punkt P_1 nicht mit P zusammenfallen.

Sei jetzt Q irgendein Punkt von ε, so können wir durch ihn eine Gerade q parallel zu p legen. Dann ist auch q_1 parallel zu p_1, und da sich q und q_1 überdies in einem Punkt von s schneiden, so bilden auch q und q_1 ein Paar entsprechender Geraden, das bei der vereinigten Lage von ε und ε_1 zusammenfällt. Für die vereinigte Lage ist also $q = q_1$ eine Gerade, die sowohl den Punkt Q wie auch den Punkt Q_1 enthält und außerdem durch den unendlichfernen Punkt von p geht. Bezeichnen wir diesen Punkt noch durch S_∞, so ergibt sich nunmehr das folgende Resultat:

I. Die beiden vereinigt liegenden Ebenen ε und ε_1 sind so aufeinander bezogen, daß sich je zwei entsprechende Geraden auf der Achse s schneiden, und je zwei entsprechende Punkte auf einem durch ein festes Zentrum S_∞ gehenden Strahl liegen. Der Punkt S_∞ und jeder Punkt der Achse s entspricht sich selbst, ebenso jeder durch S_∞ gehende Strahl.[1])

Von den vereinigt liegenden Ebenen ε und ε_1 sagen wir auch jetzt, daß sie sich in parallelperspektiver Lage befinden, und nennen s die Achse und S_∞ das Zentrum der Perspektivität. Statt Perspektivität sind auch die Bezeichnungen kollineare Lage, Kollineationsachse und Kollineationszentrum im Gebrauch.

Um eine solche Beziehung zu vermitteln, konnten wir in der ursprünglichen Lage von ε und ε_1 ein Punktepaar P, P_1 beliebig einander zuweisen. Außerdem ist auch die Schnittlinie s als gegeben zu betrachten. Dies überträgt sich analog auf die vereinigte Lage. Hat man nämlich für die vereinigte Lage eine Achse s und ein Punktepaar P, P_1 beliebig ausgewählt, und wird dann die vereinigte Lage durch Auseinanderdrehen von ε und ε_1 um s als Achse zunächst wieder aufgehoben, so ist durch das Punktepaar P, P_1 eine Projektionsrichtung und damit eine parallelperspektive Beziehung vermittelt. Damit ist jedem Punkt der einen Ebene ein ent-

1) Im allgemeinen entpricht also einem Punkt der einen Ebene ein von ihm verschiedener Punkt der anderen, nur S_∞ und die Punkte von s machen eine Ausnahme und entsprechen sich selbst.

sprechender der anderen zugewiesen, und dies bleibt bestehen, wenn wir die vereinigte Lage wieder herstellen. Da nun in der vereinigten Lage durch das Punktepaar P, P_1 auch der Punkt S_∞ bestimmt ist, können wir dies folgendermaßen als Satz aussprechen:

II. Um zwei vereinigte Ebenen ε und ε_1 in parallelperspektive Beziehung zu bringen, kann man die Achse s, das Zentrum S_∞ und auf irgendeinem durch S_∞ gehenden Strahl ein Paar entsprechender Punkte P und P_1 beliebig annehmen.

Unser Beweis ging so vor, daß wir die Ebenen ε und ε_1 um einen beliebigen Winkel auseinander drehten. Man kann daher fragen, ob die sich für die vereinigte Lage einstellende parallelperspektive Beziehung von diesem Winkel abhängt. Dies ist jedoch nicht der Fall; vielmehr ist die so hergestellte perspektive Beziehung der vereinigten Ebenen ε und ε_1 durch s, S_∞ und das Punktepaar P, P_1 eindeutig bestimmt. Um dies nachzuweisen, ist nur zu zeigen, daß sich zu einem gegebenen Punkt Q von ε der zugehörige Punkt Q_1 von ε_1 eindeutig konstruieren läßt (Fig. 95). Man ziehe hierzu durch Q die Gerade q parallel zur Geraden $p = PP_1$ und außerdem die Gerade QP; ist G ihr Schnitt mit s, so liegt Q_1 erstens auf $q_1 = q$ und zweitens auf der Geraden $g_1 = GP_1$, die der Geraden $g = GP$ entspricht. Damit ist Q_1 eindeutig bestimmt und der Beweis geliefert.

Sei endlich e eine durch P gehende Gerade von ε, die zu s parallel ist, also durch den unendlichfernen Punkt von s geht, so entspricht ihr in ε_1 eine Gerade e_1, die ebenfalls durch diesen Punkt geht, also ebenfalls zu s parallel ist. Jeder zu s parallelen Geraden der einen Ebene entspricht also eine ebensolche Gerade der anderen. Unter den zu s parallelen Geraden von ε befindet sich insbesondere auch die unendlichferne Gerade h_∞ von ε; ihr entspricht daher eine zu s parallele Gerade h_1 von ε_1, und ebenso gibt es in ε eine zu s parallele Gerade k, die der unendlichfernen Geraden von ε_1 entspricht. Wir finden so die Resultate wieder, die wir analog schon in § 7 abgeleitet haben.

Wir unterwerfen die Ebene ε nunmehr der in § 2 erörterten Abbildung, und zwar in der Weise, daß die Ebenen ε und ε' sich in der Achse s schneiden mögen.[1]) Dabei entspricht

1) Die Ebene ε entspricht also der Ebene γ und ε' der Bildebene β.

dem Punkt S_∞ der Ebene ε ein auf dem Horizont von ε' liegender Fluchtpunkt S, und wir erhalten für die Bildebene ε' unmittelbar folgenden Tatbestand. In ihr befinden sich zwei Ebenen ε' und ε_1' in der Weise in vereinigter Lage, daß je zwei entsprechende Punkte P' und P_1' auf einem durch S gehenden Strahl liegen, und je zwei entsprechende Geraden g' und g_1' sich auf der Achse s schneiden. Der Punkt S und jeder Punkt der Achse s entspricht sich wieder selbst. Auch jetzt sagen wir, daß sich ε' und ε_1' in perspektiver oder kollinearer Lage befinden, und nennen s die Achse und S das Zentrum der perspektiven oder kollinearen Lage. Auch von dem Satz II erkennen wir leicht, daß er sich auf diesen allgemeineren Fall der perspektiven Lage überträgt. Wird nämlich (Fig. 96) in der Ebene ε' eine Gerade s, ein Punkt S und auf einem durch S gehenden Strahl ein Punktepaar P', P_1' beliebig angenommen, so können wir die Ebene ε' so als Bildebene einer Ebene ε auffassen, daß sich ε und ε' in s schneiden, und daß dem Punkt S in ε ein unendlichferner Punkt S_∞ entspricht; man hat hierzu das perspektive Zentrum S_0, das die Beziehung von ε und ε' vermittelt, nur so zu wählen, daß der Horizont von ε' durch S geht. Wir haben also den Satz:

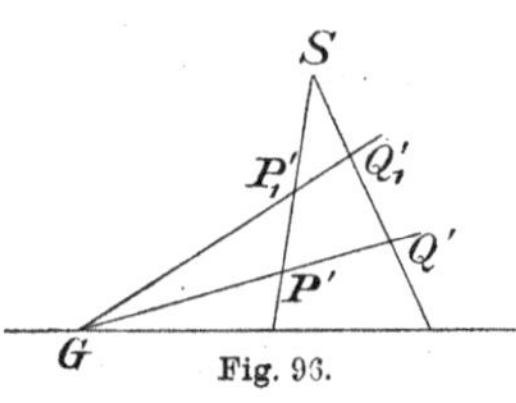

Fig. 96.

III. Um für zwei vereinigte Ebenen ε' und ε_1' eine perspektive Lage herzustellen, kann man die Achse s und das Zentrum S der Perspektivität, sowie auf einem durch S gehenden Strahl ein Paar entsprechender Punkte P' und P_1' beliebig annehmen.

Gemäß § 4 gehen bei jeder perspektiven Beziehung zweier Ebenen ε und ε' Geraden, die der Achse s parallel sind, in Geraden über, die ebenfalls zu s parallel sind. Betrachtet man daher die in ε liegenden zu s parallelen Geraden einerseits als Geraden von ε und andererseits als Geraden von ε_1, so sind die ihnen entsprechenden Geraden von ε' und ε_1' ebenfalls sämtlich zu s parallel; wir folgern also, daß allen zur Achse parallelen Geraden von ε' die zu s parallelen Geraden von ε_1' entsprechen.

Hieraus ziehen wir zwei Folgerungen. Erstens gibt es wieder in ε' eine zu s parallele Gerade h', die der unendlichfernen Geraden von ε_1' entspricht, und in ε_1' eine zu s parallele

Gerade k_1', die der unendlichfernen Geraden von ε' entspricht. Wir wollen sie wieder als Fluchtlinien bezeichnen, und zwar h' als Fluchtlinie von ε' und k_1' als Fluchtlinie von ε_1'. Eine zweite Folgerung fließt aus der Überlegung, daß insbesondere auch die beiden parallelen Geraden einander entsprechen müssen, die durch P' und P_1' gehen. Wir können daher den Satz III so abändern, daß wir die Punkte P' und P_1' durch irgend zwei einander entsprechende zu s parallele Geraden von ε' und ε_1' ersetzen. Ein solches Paar entsprechender Geraden wird insbesondere durch die Fluchtlinie der einen Ebene und die unendlichferne Gerade der anderen gebildet, und so erhalten wir schließlich den Satz:

IV. Um für zwei vereinigte Ebenen ε' und ε_1' die perspektive Lage herzustellen, kann man die Achse s und das Zentrum S der Perspektivität, sowie eine zu s parallele Gerade als Fluchtlinie der einen Ebene beliebig wählen.

Das Vorstehende wollen wir nun sinngemäß auf den Raum übertragen. Doch mag es genügen, die tatsächlichen Verhältnisse, soweit sie hier in Frage kommen, darzustellen. Ihre volle Analogie mit den Sätzen der Ebene mag für ihre Richtigkeit sprechen.

Wir denken uns zunächst den Raum doppelt, bezeichnen den einen durch Σ, den anderen durch Σ_1, und wollen Σ und Σ_1 in der Weise einander zuordnen, daß an die Stelle des Punktes S und der Achse s ein Punkt S und eine Ebene σ von analoger Eigenschaft treten. Es soll also jeder Punkt von σ sich selbst entsprechen, und es sollen je zwei entsprechende Punkte auf einem durch S gehenden Strahl liegen. Ist daher ε irgendeine Ebene von Σ, so müssen sich ε und ε_1 in einer Geraden von σ schneiden, und ist g eine Gerade von Σ, so müssen sich auch die Geraden g und g_1 in einem Punkt von σ treffen. Diese Beziehung von Σ und Σ_1 läßt sich auch hier so bewirken, daß wir (Fig. 97) den Punkt S, die Ebene σ, sowie ein Paar entsprechender Punkte P und P_1 auf einem durch S gehenden Strahl $p = p_1$ beliebig annehmen. Man kann nämlich zu einem Punkt Q von Σ den entsprechenden Punkt Q_1 von Σ_1 ganz analog konstruieren, wie oben. Zieht man

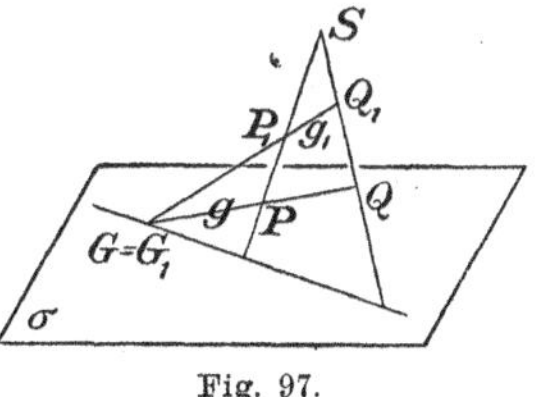

Fig. 97.

zunächst den Strahl $QS = q$, so muß wegen $q = q_1$ der Punkt Q_1 auf ihm liegen. Wird ferner durch Q und P die Gerade g gezogen, und ist G ihr Schnitt mit σ, so ist $G = G_1$, also geht g_1 durch G und P_1, ist also konstruktiv bestimmt und enthält ebenfalls den Punkt Q_1.

Es ist nur noch zu zeigen, daß sich die beiden Geraden q_1 und g_1, die den Punkt Q_1 bestimmen sollen, wirklich schneiden. Dies tun sie aber in der Tat, da alle hier benutzten Geraden p, q, g und g_1 in einer und derselben Ebene liegen, und zwar in derjenigen, die durch p und q bestimmt ist.[1])

Von den so aufeinander bezogenen Räumen Σ und Σ_1 sagen wir wiederum, daß sie sich in perspektiver oder kollinearer Lage befinden, und nennen S das Zentrum und σ die Ebene der Perspektivität oder Kollineation. Dann besteht der Satz:

V. Um zwei Räume Σ und Σ_1 perspektiv aufeinander zu beziehen, kann man das Zentrum S und die Ebene σ der Perspektivität, sowie auf einem durch S gehenden Strahl ein Paar entsprechender Punkte P und P_1 beliebig annehmen.

Wie oben, folgern wir auch hier, daß der Ebene π, die durch P geht und parallel zu σ liegt, eine durch P_1 gehende zu σ parallele Ebene π_1 entspricht, daß ferner jeder zu σ parallelen Ebene des einen Raumes eine ebenfalls zu σ parallele Ebene des anderen Raumes entspricht, und daß man die perspektive Beziehung auch in der Weise herstellen kann, daß man irgendein Paar von Ebenen, die zu σ parallel sind, in Σ und Σ_1 einander entsprechen läßt. Insbesondere entspricht auch wieder der unendlichfernen Ebene η_∞ von Σ in Σ_1 eine zu σ parallele Fluchtebene η_1 und der unendlichfernen Ebene von Σ_1 eine zu σ parallele Fluchtebene von Σ, und man kann die perspektive Beziehung auch mittels eines dieser Ebenenpaare festlegen (Fig. 98). Also folgt:

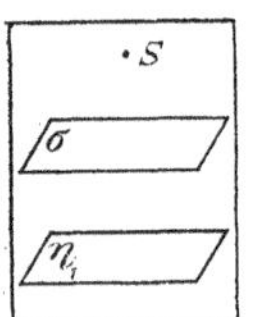

Fig. 98.

VI. Um zwei Räume Σ und Σ_1 perspektiv aufeinander zu beziehen, kann man das Zentrum S und die Ebene σ

1) Man sieht leicht, daß die beiden Strahlen p und q in Σ und Σ_1 ein Ebenenpaar ε und ε_1 bestimmen, das sich selbst entspricht, und daß für dieses Paar vereinigt liegender Ebenen die perspektive Lage gemäß Satz III vorhanden ist.

der Perspektivität, sowie eine zu σ parallele Ebene als Fluchtlinie des einen Raumes beliebig auswählen.

Dies sind die Tatsachen, die der geometrischen Theorie der Reliefperspektive und der Theaterperspektive zugrunde liegen.

Eine auf dem Vorstehenden beruhende Reliefdarstellung hat so zu geschehen, daß der darzustellende Körper R dem Raum Σ angehört, während sein Bild R_1 Teil des Raumes Σ_1 ist. Sie ist ferner so herzustellen, daß das perspektivische Zentrum S das Auge des Beschauers vorstellt, und die Ebene, auf der sich das Relief R_1 erhebt, die Fluchtebene η_1 des Raumes Σ_1 ist. Dies bewirkt, daß das Relief unendliche Tiefenausdehnung zu besitzen scheint; es ist ja das Abbild eines sich bis zur unendlichfernen Ebene η_∞ von Σ erstreckenden Raumteils. Die Perspektivitätsebene σ, die die Räume Σ und Σ_1 entsprechend gemeinsam haben, befindet sich zwischen dem Auge S und der Ebene η_1; das Relief R_1 selbst ist ganz zwischen den Ebenen σ und η_1 enthalten. Je näher also das Relief R_1 der Ebene σ kommt, um so geringer ist die Verzerrung, die seine obersten Teile erleiden. Aus unserem allgemeinen Satz folgt noch, daß S, σ, η_1 beliebig wählbar sind, daß aber mit ihnen die Abbildung bestimmt ist.[1])

Es ist klar, daß eine so ausgeführte Reliefdarstellung nur auf ein in S befindliches Auge einen guten bildmäßigen Eindruck machen würde. Aus diesem Grunde stützt sich die Darstellung, die der Künstler schafft, teilweise auf andere Grundlagen, und zwar wesentlich auf künstlerische Motive; sie ist weit mehr, als die malerische Darstellung, durch Rücksichten anderer Art bedingt. Immerhin wird die Kenntnis der oben dargelegten geometrischen Gesetze dem Beschauer das Beschauen des Reliefs erleichtern.

Ähnlich steht es mit den geometrischen Gesetzen, die für die Herstellung der Theaterkulissen die Grundlage bilden. Hier stellt der Vorhang die Ebene σ dar, in der die wirkliche Welt und die Bühnenwelt zusammenstoßen; S ist wieder das Auge des Zuschauers. Soll der Eindruck entstehen, daß sich die Bühnentiefe bis ins Unendliche erstreckt, so muß ihr Hintergrund die Fluchtebene darstellen; so wird erreicht, daß die

1) Die Fluchtebene von Σ, die also in Σ der unendlichfernen Ebene von Σ_1 entspricht, heißt auch Verschwindungsebene. Beide Fluchtebenen werden auch Gegenebenen genannt.

Bühne als Bild des ganzen Raumes erscheinen kann, der sich vom Vorhang aus ins Unendliche ausdehnt. Sollen die Bühnenkulissen nur einen endlichen Teil dieses Raumes vorstellen, so hat man die Fluchtebene in geeigneter Entfernung hinter die Bühne zu verlegen, und die einzelnen Kulissen so zu zeichnen, wie es diejenige perspektive Darstellung erfordert, die der angenommenen Lage des Auges S, dem Vorhang als Ebene σ und der gewählten Lage der Fluchtebene η_1 entspricht. Daß es sich auch hier nur um gewisse allgemeine Grundlagen handeln kann, und daß der bildliche Eindruck des Beschauers überdies von seiner Stellung zur Bühne abhängt, ist klar. Immerhin darf man die Tatsache nicht außer acht lassen, daß auf den Seiten- und Deckenkulissen die Bilder aller parallelen Geraden nach der Fluchtebene konvergieren müssen. Für ihre richtige Zeichnung ist die angenommene Lage der Fluchtebene hier ebenso entscheidend, wie bei der ebenen malerischen Darstellung.

Anhang.

1\. S. 1. Das Auge enthält mehrere brechende Flächen. Die es durchdringenden Strahlen unterliegen daher den allgemeinen Gesetzen, die Gauß über solche Systeme abgeleitet hat.[1]) Dies bewirkt, daß es nicht einen, sondern zwei Knotenpunkte K_1 und K_2 gibt, durch die alle von P ausgehenden Strahlen hindurch gehen; der geradlinige Strahl PKP_n ist daher genauer durch einen gebrochenen Linienzug $PK_1K_2P_n$ zu ersetzen, und zwar sind PK_1 und K_2P_n parallele Geraden, während K_1K_2 mit ihnen einen Winkel bildet. Es ist $K_1K_2 = 0{,}416\ldots$ mm.

Die Lage des Knotenpunktes hängt außerdem von der Entfernung des Punktes P vom Auge ab; das Auge oder vielmehr die Lage der lichtbrechenden Medien akkommodiert sich nämlich stets so, daß gerade die von diesem Punkt ausgehenden Lichtstrahlen sich auf der Netzhaut vereinigen.

2\. S. 2. Hier kommen insbesondere folgende Tatsachen in Betracht.

1\. Die Wahrnehmung der räumlichen Objekte kommt durch die Gesichtseindrücke zweier Augen zustande; bekanntlich ist die richtige Beurteilung der Entfernung der Objekte zu einem erheblichen Teil durch das binokulare Sehen bedingt.[2]) Dagegen wird das Bild nur mit Rücksicht auf ein einziges Auge hergestellt.

2\. Da die Herstellung des Bildes so erfolgt, daß wir die sämtlichen Sehstrahlen mit der Bildebene zum Schnitt bringen, so wird damit von selbst eine bestimmte Stellung des Auges und des Gegenstandes zur Bildebene vorausgesetzt. Das Auge vermag aber die Treue des Bildes auch dann noch zu erkennen, wenn es seine Stellung zur Bildebene ändert; freilich wird sich diese Änderung in gewissen Schranken halten müssen, damit der gute Eindruck erhalten bleibt.[3]) Durch diesen Umstand wird die Zweckmäßigkeit der zeichnerischen Annahmen bedingt, die für die gegenseitige Stellung des Auges und des Körpers Σ zur Bildebene maßgebend sind (vgl. § 3).

---

1) Vgl. Gesammelte Werke, Bd. 5. S. 243ff.

2) Die räumliche Wirkung des Stereoskops beruht bekanntlich darauf, daß es zwei Bilder benutzt; eines, das für das linke, und eines, das für das rechte Auge hergestellt ist.

3) Man erkennt dies z. B., wenn man in Fig. 39 (S. 39) das Auge von links nach rechts über die Figur wandern läßt. Dabei ändern sich die scheinbaren Dimensionen des Sockels erheblich. Ebenso ist es mit dem Bild des Kastens in Fig. 33 (S. 34).

3. Das Akkommodationsvermögen des Auges muß auch deshalb helfend eintreten, weil die Knotenpunkte der Sehstrahlen, die einerseits vom Körper Σ und andererseits vom Bild Σ' ins Auge gelangen, gemäß der vorstehenden Anmerkung tatsächlich verschieden voneinander sind. Die Lage des Knotenpunkts hängt nämlich von der Entfernung des betrachteten Gegenstandes vom Auge ab; Bild und Gegenstand haben aber verschiedenen Abstand vom Auge.

3. S. 5/6. Das Auge ist stets geneigt, Geraden, die im Bilde einen Schnittpunkt haben, einen solchen auch in der Wirklichkeit beizulegen. Die vorn genannte Zeichnungsart soll daher vor der Entstehung unrichtiger Vorstellungen bewahren; sie erreicht dies besonders dadurch, daß sie den Sachverhalt im Bilde etwas übertreibt und dadurch die Aufmerksamkeit steigert.[1])

4. S. 14. Da der Desarguessche Satz in neuerer Zeit durch Hilberts Untersuchungen (Grundlagen der Geometrie, Leipzig, 2. Aufl., 1903) eine erhöhte Wichtigkeit erlangt hat, mögen hier einige Ausführungen über ihn folgen.

Er folgt unmittelbar aus den grundlegenden Tatsachen des Schneidens und Verbindens für Punkte, Gerade und Ebene (a. a. O. S. 2ff). Ferner steht er sich selbst dualistisch gegenüber; man beweist daher ganz analog, daß Dreiecke, deren Seiten die in ihm genannte Eigenschaft besitzen, so liegen, daß die Verbindungslinien ihrer Ecken durch einen Punkt gehen. Von den beiden Eigenschaften, daß die Ecken auf drei Strahlen durch einen Punkt liegen, und daß die Seiten sich in drei Punkten einer Geraden schneiden, zieht also die eine die andere nach sich.

Da die Figur, die man zum Desarguesschen Satz zeichnet, eine ebene Figur ist, so gilt dies alles auch für die in dieser Figur enthaltenen derselben Ebene angehörigen Dreiecke. Ob es aber auch für je zwei analoge Dreiecke einer Ebene gilt, bedarf der Untersuchung. Den Beweis kann man zunächst unmittelbar dem Grundsatz der Axonometrie in § 14 entnehmen, wie aus dem dort durchgeführten Beispiel 4 hervorgeht. Man kann ihn aber auch mittels seiner Schnittpunktsätze ableiten; indem man im Raum eine Desarguessche Figur konstruiert, deren Projektionen die ebenen Dreiecke sind. Einen Beweis findet man z. B. bei F. Enriques, Vorlesungen über projektive Geometrie, Leipzig, 1903, § 10.

Endlich hat Hilbert gezeigt, daß der Desarguessche Satz für eine ebene Geometrie, in der die grundlegenden Sätze des Schneidens und Verbindens gelten, nicht erfüllt zu sein braucht, wenn man nur in der Ebene operiert; also von allen räumlichen Konstruktionen absieht (a. a. O. S. 49).

---

1) In den Figuren dieser Schrift ist dies manchmal in zu starkem Maße geschehen.

5. S. 18/19. Der Umstand, daß man der Ebene ε' noch eine beliebige Neigung gegen ε geben darf, beruht darauf, daß zwei parallelperspektiv bezogene Ebenen in dieser Beziehung verbleiben, wenn man sie um die Perspektivitätsachse dreht; nur die Richtung der projizierenden Strahlen erfährt dabei eine Änderung. Einen Beweis enthalten die Ausführungen von § 17.

6. S. 21. Die Sätze, die hier in Frage kommen, sind die des Schneidens und Verbindens (vgl. Hilbert, Grundlagen der Geometrie, Leipzig, 2. Aufl., 1903, S. 2). Allerdings müßten auch die Sätze der Anordnung (a. a. O. S. 4) in ähnlicher Weise berücksichtigt werden; doch sind diese Begriffe vorher so zu formulieren, daß sie sich auf geschlossene Kurven, wie z. B. den Kreis beziehen. Gemäß § 7 bildet ja die Gerade eine geschlossene Kurve.

7. S. 22. Die Vervollkommnung unserer geometrischen Raumauffassung, die durch die konsequente Einführung der uneigentlichen, unendlichfernen Elemente bewirkt wird, verdanken wir wesentlich J. V. Poncelet, den wir überhaupt als den eigentlichen Begründer der projektiven Denkweise zu betrachten haben. Sie ist in seinem Traité des propriétés projectives des figures, Paris 1822 (2. Aufl., 1865) enthalten; vgl. besonders § 49 ff. Die Notwendigkeit, für die so eingeführten Elemente das Bestehen der grundlegenden Schnittpunktsätze zu erweisen, erkannte wohl zuerst G. K. Ch. v. Staudt; vgl. seine Geometrie der Lage, Nürnberg 1847, p. 23. Den Ausdruck Permanenz der Grundgesetze entnehme ich H. Hankel, der ihn auf arithmetischem Gebiet (Permanenz der formalen Gesetze) zu dem gleichen Zweck und mit der gleichen Bedeutung einführte. Vgl. Theorie der komplexen Zahlsysteme, Leipzig 1867, p. 10.

8. S. 40. Bei Bildern, die man frei nach der Natur entwirft, pflegt man so zu verfahren, daß man die Fluchtpunkte der einzelnen Geraden oder Richtungen durch wirkliches Visieren ermittelt. Man stellt dazu das Auge auf den unendlichfernen Punkt der Geraden ein und fixiert zugleich den Durchdringungspunkt der Sehrichtung mit der Bildebene.

9. S. 56/57. Die Gleichwertigkeit dieser Methode mit der von § 12 beruht auf der Relativität aller Bewegung. Die Drehung des Dodekaeders gegen die Aufrißebene kann man so mitmachen, daß man sich in die Aufrißebene oder auch in das Dodekaeder hineinbegibt. Dem ersten Fall entspricht eine Drehung des Dodekaeders gegen die als fest erscheinende Aufrißebene, dem zweiten die Einführung einer neuen Aufrißebene bei fest bleibendem Dodekaeder.

10. S. 66/67. Das Kubooktaeder gehört, wie auch das Rhombendodekaeder zu der großen Klasse der sogenannten Kristallformen. Alle Kristallformen pflegt man axonometrisch zu zeichnen. Vielfach sind sie nur so bestimmt, daß man für jede ihrer Flächen ihre „Indizes" kennt, das sind die reziproken Werte der von ihnen auf den

axonometrischen Achsen abgeschnittenen Stücke (ihre Ebenenkoordinaten im Sinne der analytischen Geometrie). Aus ihnen sind die Kristallformen zu zeichnen, und zwar so, daß man jede Kante als Schnittlinie der beiden Ebenen konstruiert, die durch sie hindurchgehen.

Das allgemeine Prinzip, nach dem man dies auszuführen hat, ist das folgende. Wir wollen die drei Geraden, die axonometrisch die drei Grundrichtungen darstellen, als x-, y-, z-Achse bezeichnen. Sind dann ε und ε' zwei Ebenen, die eine Kante k bestimmen, so sind mit den Indizes dieser Ebenen zugleich ihre Schnittpunkte mit den drei Grundrichtungen und damit auch ihre Spuren in den drei Grundebenen gegeben. Sind E_x, E_y, E_z und E'_x, E'_y, E'_z die Schnittpunkte, so schneiden sich die Spuren $E_y\,E_z$ und $E'_y\,E'_z$ in einem in der yz-Ebene enthaltenen Punkt der Kante k, und ebenso liefern $E_x\,E_z$ und $E'_x\,E'_z$ sowie $E_x\,E_y$ und $E'_x\,E'_y$ je einen Punkt von k. Damit ist auch k selbst bestimmt.

Naturgemäß handelt es sich bei diesen Konstruktionen immer um die geeignete Auswahl derjenigen Kanten, die man zuerst zeichnet und mit denen man die übrigen der Reihe nach bestimmt. Es empfiehlt sich, das Rhombendodekaeder auch aus den Spuren seiner Flächen herzustellen.

11. S. 77/78. Die Geometrie, die durch stereographische Projektion in der Ebene entsteht, ist genau genommen eine Geometrie, in der die Punkte und Kreise die Elementargebilde darstellen (Kreisgeometrie). Analog ist ja auch die Kugelfläche Träger einer derartigen Geometrie. Die Geraden der Ebene kommen daher nur als Grenzfälle von Kreisen in Betracht.

12. S. 79/80. Die stereographische Projektion wird besonders benutzt, um die Eigenschaften der Kugelteilung und die an sie anschließenden Sätze der Funktionentheorie zu illustrieren. Auch für die Zwecke der Kristallographie wird sie aus diesem Grunde vielfach verwendet.

Beyel, Dr. **Chr.**, Privatdozent an dem eidgenössischen Polytechnikum zu Zürich, darstellende Geometrie. Mit einer Sammlung von 1800 Dispositionen zu Aufgaben aus der darstellenden Geometrie. Mit 1 Tafel. [XII u. 189 S.] gr. 8. 1901. In Leinwand geb. n. *M.* 3.60.

Burmester, Dr. **L.**, Professor an der Kgl. Technischen Hochschule zu München, Theorie und Darstellung der Beleuchtung gesetzmäßig gestalteter Flächen, mit besonderer Rücksicht auf die Bedürfnisse technischer Hochschulen. 2. Ausgabe. Mit einem Atlas von 14 lithogr. Tafeln (in qu. Fol. in Mappe). [XVI u. 386 S.] gr. 8. 1875. Geh. n. *M.* 8.—

——— Grundzüge der Reliefperspektive nebst Anwendung zur Herstellung reliefperspektivischer Modelle. Als Ergänzung zum Perspektiv-Unterricht an Kunstakademien, Kunstgewerbeschulen und technischen Lehranstalten bearbeitet. Mit 3 lithograph. und 1 Lichtdrucktafel. [IV u. 30 S.] gr. 8. 1883. Geh. n. *M.* 2.—

v. Dalwigk, Prof. Dr. **F.**, Privatdozent an der Universität Marburg a. L., Vorlesungen über darstellende Geometrie. 2 Bände. Mit zahlreichen Figuren im Text und mit Tafeln. gr. 8. 1908. In Leinw. geb.
[Band I erscheint im Oktober 1908.]

Der erste Band behandelt die Parallelprojektion. Den größten Umfang nimmt die Orthogonalprojektion mit Grund und Aufriß ein, dann folgen die schiefe Parallelperspektive und ein kurzer Aufriß der Axonometrie. Kotierte Projektion und Beleuchtungslehre sind neben einigen anderen kleinen Kapiteln in den Anhang verwiesen.

Der zweite Band bringt die wesentlichen Methoden der malerischen Perspektive, dann (kürzer) die freie Perspektive und die ebene Zentralkollineation mit Anwendungen auf die Kegelschnitte als Kreisprojektionen. Den Schluß bilden die Grundzüge der Reliefperspektive und der Photogrammetrie. — Über die Vorlesungen des Verfassers und damit auch über den Inhalt und die Anordnung des Buches finden sich nähere Angaben im Jahresbericht der deutschen Mathematiker-Vereinigung, 1906 S. 349ff., besonders 354—57. Übrigens bildet das Buch nur einen Teil von „geometrischen Vorlesungen aus der reinen und angewandten Mathematik", von denen zunächst zwei weitere Bände rasch folgen sollen.

Fiedler, Dr. **W.**, vorm. Professor am eidgenössischen Polytechnikum zu Zürich, die darstellende Geometrie in organischer Verbindung mit der Geometrie der Lage. Für Vorlesungen und zum Selbststudium. 3 Teile. gr. 8. Geh. n. *M.* 40.30, geb. n. *M.* 43.80.

I. Teil: Die Methoden der darstellenden Geometrie und die Elemente der projektivischen Geometrie. 4. Auflage. Mit zahlreichen Figuren im Text und auf 2 lithogr. Tafeln. [XXIV u. 431 S.] 1904. Geh. n. *M.* 10.—, in Leinwand geb. n. *M.* 11.—

II. „ Die darstellende Geometrie der krummen Linien und Flächen. 3. Auflage. Mit zahlreichen Figuren im Text und 16 lithogr. Tafeln. [XXXIII u. 560 S.] 1885. Geh. n. *M.* 14.—, in Leinwand geb. n. *M.* 15.40.

III. „ Die konstruierende und analytische Geometrie der Lage. 3. Auflage. Mit zahlreichen Figuren im Text und 1 lithogr. Tafel. [XXX u. 660 S.] 1888. Geh. n. *M.* 16.—, in Leinwand geb. n. *M.* 17.40.

Hempel, **J.**, Lehrer an der staatlichen Baugewerkschule zu Hamburg, Schattenkonstruktionen. Für den Gebrauch an Baugewerkschulen und ähnlichen Lehranstalten sowie zum Selbstunterricht. Mit 51 Textfiguren und 20 Tafeln praktischer Beispiele in Lichtdruck. [IV u. 60 S.] quer Folio. 1906. In Leinw. geb. n. *M.* 5.—

Von der Voraussetzung ausgehend, daß ganz allein ein klares sicheres Erfassen des Raumvorgangs den praktischen Zeichner zum schnellen und bewußt sicheren Konstruieren befähigen kann, nicht etwa auswendig gelernte Gesetze oder Beweise noch auch mechanisch eingeprägte Lösungen, gibt der Verf. in dem Werkchen nach einem einleitenden Text mit 51 Fig. zu 20 Tafeln mit zahlreichen praktischen, dem Baugewerbe entnommenen Übungsbeispielen kurze Erläuterungen der angewandten Lösungsverfahren unter möglichster Vermeidung verwirrender Ziffern und Buchstabenbezeichnungen. — Den parallelprojektiven Schattenkonstruktionen ist, den Forderungen der Praxis Folge leistend, noch eine kleinere Gruppe perspektivischer Schattenkonstruktionen, die zugleich das Wichtigste über Linearperspektive enthält, angefügt.

Holzmüller, Prof. Dr. G., vorm. Direktor der Provinzialgewerbeschule zu Hagen i. W., Einführung in das stereometrische Zeichnen. Mit Berücksichtigung der Kristallographie und Kartographie. Mit 16 lith. Tafeln. [VI u. 102 S.] 1886. gr. 8. Kart. n. *M.* 4.40.

Loria, Dr. G., Professor an der Universität Genua, Vorlesungen über darstellende Geometrie. Autorisierte, nach dem italienischen Manuskript bearbeitete deutsche Ausgabe von Fr. Schütte, Oberlehrer am Gymnasium zu Düren. In 2 Teilen.

I. Teil: Die Darstellungsmethoden. Mit 163 Figuren im Texte. [XI u. 219 S.] gr. 8 1907. In Leinwand geb. n. *M.* 6.80.

Das vorstehende Werk über darstellende Geometrie, aus mehrjährigen Vorlesungen des Verfassers hervorgegangen, setzt nur elementare Kenntnisse der projektiven und analytischen Geometrie voraus. Der zunächst vorliegende erste Band behandelt die Darstellungsmethoden. Er beginnt mit einem kurzen Abriß der Geometrie des Zirkels und der Geometrographie und geht dann in den drei ersten Büchern zur Darlegung der Methoden der Orthogonalprojektion, Zentralprojektion und kotierten Ebenen über. Jede dieser Darstellungsmethoden wird in umfangreicher Weise zur Lösung der wichtigsten Aufgaben über Punkte, Geraden und Ebenen herangezogen. Das 4. Buch behandelt die Axonometrie, das 5., zum erstenmal in einem elementaren Lehrbuche, die Photogrammetrie.

Müller, Dr. C. H., Professor am Kgl. Kaiser-Friedrichs-Gymnasium zu Frankfurt a. M., und **O. Presler,** Professor an der Städtischen Oberrealschule zu Hannover, Leitfaden der Projektionslehre. Ein Übungsbuch der konstruierenden Stereometrie.

Ausgabe A. Vorzugsweise für Realgymnasien und Oberrealschulen. Mit 233 Figuren im Text. [VIII u. 320 S.] gr. 8. 1903. Geb. n. *M.* 4.—

„ B. Für Gymnasien und sechsstufige Realanstalten. Mit 122 Figuren im Text. [VI u. 138 S.] gr. 8. 1903. Geb. n. *M.* 2.—

Müller, Dr. E., Professor an der k. k. Technischen Hochschule zu Wien, Lehrbuch der darstellenden Geometrie für technische Hochschulen. In 2 Bänden.

I. Band. Mit 273 Figuren und 3 Tafeln. [XIV u. 368 S.] gr. 8. 1908 In Leinwand geb. n. *M.* 12.—

Der vorliegende erste Band behandelt auf Grund der Darstellung durch zugeordnete Normalrisse (Orthogonalprojektion auf zwei zueinander senkrechte Ebenen) die Elementaraufgaben und die Kurven und Flächen (abwickelbare Flächen, Kugelfläche, Dreh- und Schraubenflächen, windschiefe und „graphische" Flächen), während die kotierte Projektion, Dachausmittlung Axonometrie, schiefe Projektion und Perspektive den Inhalt des zweiten Bandes bilden werden, Die Anpassung an das praktische technische Zeichnen zeigt sich in dem vorliegenden Bande unter anderem darin, daß das Konstruieren mit Hilfe von Auf- und Kreuzriß stets mitberücksichtigt, die Verwendung der Projektionsachsen und damit der Spurelemente von Geraden und Ebenen vermieden wird, daß ferner bei zahlreichen Konstruktionen möglichst mit einem Riß gearbeitet oder, besser gesagt, die verwendeten anderen Risse in jenen hineingelegt werden. Das Konstruieren der Schatten an technischen Gegenständen liefert, neben deren axonometrischer Darstellung, wohl den besten Übungsstoff zur Ausbildung in der räumlichen Vorstellung in der beabsichtigten Richtung. Hauptsächlich aus diesem Grunde, neben ihrer praktischen Anwendung, erfahren die Schattenkonstruktionen eine eingehendere Behandlung als sonst in Lehrbüchern ähnlichen Umfangs.

Obgleich das Buch mit den Elementen beginnt, so wird doch eine vorangegangene Beschäftigung mit dem Gegenstand, also eine gewisse Denk- und Konstruktionsfertigkeit, vorausgesetzt. Der Verfasser war bestrebt, soweit es die mathematische Vorbildung des angehenden Technikers zuläßt, allgemeine Methoden zu verwenden und höhere Gesichtspunkte zu gewinnen.

Richter, Dr. O., Oberlehrer am König-Albert-Gymnasium zu Leipzig, Kreis und Kugel in senkrechter Projektion. Für den Unterricht und zum Selbststudium. Mit 147 Figuren im Text. [X u. 188 S.] gr. 8. 1908. Geh. n. *M.* 4.40, in Leinwand geb. n. *M.* 4.80.

Angesichts des oft und seit langem beklagten Übelstandes, daß die für die Schulung des Raumanschauungsvermögens so wichtige Darstellung der Kugel und ihrer Kreise nicht nur im stereometrischen Unterrichte hintangesetzt, sondern sogar in der darstellenden Geometrie wenig gepflegt und selbst schematisiert wird, hat der Verfasser den Versuch gemacht, eine Anzahl der in der Raumlehre häufig auftretenden Körper in allgemeiner Lage gezeichnet darzubieten und die genaue Bildherstellung zu begründen und unter Hinweis auf die obwaltenden mathematischen Beziehungen und bei möglichster Beschränkung auf eine einzige Bildtafel, um die Verwendung der Konstruktionen im Unterrichte zu erleichtern. Dabei sind außer der Kugel nicht nur Zylinder und Kegel, sondern auch andere aus Kugel, Zylinder und Kegel ableitbare Raumgebilde berücksichtigt worden, z. B. Prismen und Pyramiden, Platonische und Archimedische Körper nebst einigen Durchdringungen. Die rechtwinklige Axonometrie, von der Kugel abgeleitet, die Haupt- und Nebenkreise der Kugel nebst ihren Polen werden ausführlich betrachtet, die nichteuklidische Geometrie auf der Kugel wenigstens gestreift. Eine vollständige Begründung der hauptsächlich benutzten Ellipseneigenschaften leitet das Buch ein, Anwendung auf die Rotationskörper, auf die Schraubenlinien von Zylinder, Kegel, Kugel, sowie auf die Erd- und Himmelskunde beschließen es. Vorausgesetzt wird die Kenntnis der elementaren Planimetrie und Stereometrie, einschließlich der harmonischen Eigenschaften des Kreises, an einigen Stellen auch der Trigonometrie und der Algebra.

Schilling, Dr. Fr., Professor an der Technischen Hochschule zu Danzig, über die Anwendungen der darstellenden Geometrie, insbesondere über die Photogrammetrie. Mit einem Anhang: Welche Vorteile gewährt die Benutzung des Projektionsapparates im mathematischen Unterricht? Vorträge, gehalten bei Gelegenheit des Ferienkurses für Oberlehrer der Mathematik und Physik, Göttingen, Ostern 1904. Mit 151 Figuren und 5 Doppeltafeln. [VI u. 198 S.] gr. 8. 1904. Geh. n. *M.* 4.60, in Leinwand geb. n. *M.* 5.—

Schüßler, Dr. R., Professor an der Technischen Hochschule zu Graz, orthogonale Axonometrie. Ein Lehrbuch zum Selbststudium. Mit 29 Figurentafeln in besonderem Hefte. [VIII u. 170 S.] gr. 8. 1905. In Leinwand geb. n. *M.* 7.—

Schütte, Fr., Oberlehrer am Gymnasium zu Düren, Anfangsgründe der darstellenden Geometrie für Gymnasien. Mit 54 Textfiguren. [42 S.] gr. 8. 1905. Steif geh. n. *M.* —.80.

Sturm, Geheimer Regierungsrat Dr. R., Professor an der Universität Breslau, Elemente der darstellenden Geometrie 2. umgearbeitete und erweiterte Auflage. Mit 61 Figuren im Text und 7 lithogr. Tafeln. [V u. 157 S.] gr. 8. 1900. In Leinw. geb. n. *M.* 5.60.

Weiler, Dr. A., Professor an der Universität Zürich, neue Behandlung der Parallelprojektionen und der Axonometrie. Mit 109 Figuren im Text. 2. wohlfeile Ausgabe. [VIII u. 210 S.] gr. 8. 1896. Geh. n. *M.* 2.80.

Wiener, Geheimer Hofrat Dr. Chr., weil. Professor an der Großherzogl. Polytechnischen Schule zu Karlsruhe, Lehrbuch der darstellenden Geometrie. In 2 Bänden. gr. 8. Geh. n. *M.* 30.—

I. Band: Geschichte der darstellenden Geometrie, ebenflächige Gebilde, krumme Linien (I. Teil), projektive Geometrie. Mit Figuren im Text. [XX u. 477 S.] (1884.) Unveränderter anastatischer Abdruck 1906 mit hinzugefügtem Register n. *M.* 12.—

II. — Krumme Linien (II. Teil) und krumme Flächen. Beleuchtungslehre, Perspektive. Mit Figuren im Text. [XXX u. 649 S.] 1887. n. *M.* 18.—

Repertorium der höheren Mathematik (Difinitionen, Formeln, Theoreme, Literaturnachweise) von **Ernst Pascal**, ord. Professor an der Universität Pavia. Deutsche Ausgabe von weil. A. Schepp in Wiesbaden. 2. neubearb. Aufl. In zwei Teilen: **Analysis und Geometrie.** gr. 8. **I. Teil:** Die Analysis. Herausgegeben von **P. Epstein.** [ca. 700 S.] 1909. In Leinwand geb. ca. n. ℳ 12.— (Erscheint im Januar 1909.) **II. Teil:** Die Geometrie. Herausgegeben von **H. E. Timerding.** [ca. 800 S.] 1909. In Leinwand geb. ca. n. ℳ 14.— [Erscheint Ostern 1909.]

Der Zweck des Buches ist, auf einem möglichst kleinen Raum die wichtigsten Theorien der neueren Mathematik zu vereinigen, von jeder Theorie nur so viel zu bringen, daß der Leser imstande ist, sich in ihr zu orientieren, und auf die Bücher zu verweisen, in welchen er Ausführlicheres finden kann. Für den Studierenden der Mathematik soll es ein „Vademekum" sein, in dem er, kurz zusammengefaßt, alle mathematischen Begriffe und Resultate findet, die er während seiner Studien sich angeeignet hat oder noch aneignen will. Die Anordnung der verschiedenen Teile ist bei jeder Theorie fast immer dieselbe: zuerst werden die Definitionen und Grundbegriffe der Theorie gegeben, alsdann die Theoreme und Formeln (ohne Beweis) aufgestellt, welche die Verbindung zwischen den durch die vorhergehenden Definitionen eingeführten Dingen oder Größen bilden, und schließlich ein kurzer Hinweis auf die Literatur über die betreffende Theorie gebracht.

Vocabulaire Mathématique, français-allemand et allemand-français. Mathematisches Vokabularium, französisch-deutsch und deutsch-französisch. Enthaltend die Kunstausdrücke aus der reinen und angewandten Mathematik. Von Professor Dr. **Felix Müller.** [XV u. 316 S.] Lex.-8. 1900/1901. In Leinw. geb. n. ℳ 20.— Wurde in 2 Lieferungen ausgegeben: I. Lieferung. [IX u. 132 S.] 1900. Geh. n. ℳ 8.— II. Lieferung. [S. IX—XV u. 133—316.] 1901. Geh. n. ℳ 11.—

Das Vokabularium enthält in alphabetischer Folge mehr als 12000 Kunstausdrücke aus der reinen und angewandten Mathematik in französischer und deutscher Sprache und soll in erster Linie eine Ergänzung der gebräuchlichen Wörterbücher für die beiden genannten Sprachen sein. Da das Vokabularium zugleich als Vorarbeit zu einem Mathematischen Wörterbuche dienen soll, so sind auch zahlreiche Nominalbenennungen aufgenommen, deren Anführung aus rein sprachlichem Interesse überflüssig erscheinen dürfte. Z. B. Gaußsche Abbildung (einer Fläche auf eine Kugel) (Gauß 1827) [inf. Geom.] représentation de Gauss; Clairauts Satz (über die geodätischen Linien auf Umdrehungsflächen) (Clairaut 1733) [inf. Geom.] théorème de Clairaut. Aus den beigefügten Zusätzen ist zu ersehen, daß das Vokabularium mehr bietet, als der Titel erwarten läßt.

Vorlesungen über Geschichte der Mathematik. Von **Moritz Cantor.** In 4 Bänden. gr. 8. **I. Band.** Von den ältesten Zeiten bis zum Jahre 1200 n. Chr. 3. Aufl. Mit 114 Figuren im Text und 1 lithogr. Tafel. [VI u. 941 S.] 1907. Geh. n. ℳ 24.—, in Halbfranz geb. n. ℳ 26.— **II. Band.** Vom Jahre 1200 bis zum Jahre 1668. 2. verb. u. verm. Aufl. Mit 190 Figuren im Text. [XII u. 943 S.] gr. 8. 1900. Geh. n. ℳ 26.—, in Halbfranz geb. n. ℳ 28.— **III. Band.** Vom Jahre 1668 bis zum Jahre 1758. 2. verb. u. verm. Aufl. Mit 146 Figuren im Text. [X u. 923 S.] gr. 8. 1901. Geh. n. ℳ 25.—, in Halbfranz geb. n. ℳ 27.— **IV. Band.** Vom Jahre 1759 bis zum Jahre 1799. Herausgegeben unter Mitwirkung der Herren **V. Bobynin, A. v. Braunmühl, F. Cajori, S. Günther, V. Kommerell, G. Loria, E. Netto, G. Vivanti,** und **C. R. Wallner** von **M. Cantor.** Mit 100 Figuren im Text. [VI u. 1113 S.] 1908. Geh. n. ℳ 32.—, in Halbfranz geb. n. ℳ 35.—

„Einen hervorragenden Platz unter den neueren Veröffentlichungen über die Geschichte der Mathematik nimmt die zusammenfassende Darstellung ein, die uns Moritz Cantor geschenkt hat.

Mit rastlosem Fleiß, mit nie ermüdender Geduld, mit der unverdrossenen Liebe des Sammlers, der auch das scheinbar Geringe nicht vernachlässigt, hat Moritz Cantor dies kolossale Material gesammelt, kritisch gesichtet, durch eigene Forschungen ergänzt, nach einheitlichen Grundsätzen und einheitlichem Plan zu einem Ganzen verschmolzen, und indem er in seltener Unparteilichkeit bei strittigen Fragen, deren die Geschichte der Mathematik so viele hat, auch die abweichenden Ansichten zu Wort kommen ließ, hat er ein Werk geschaffen, das die reichste Quelle der Belehrung, der Anregung für einen jeden ist, der sich über einen geschichtlichen Fragepunkt Rat holen, der an der Geschichte der Mathematik mitarbeiten will...." (Aus den Göttingischen gelehrten Anzeigen.)

VERLAG VON B. G. TEUBNER IN LEI... UND BERLIN.

Encyklopädie der Elementar-Mathematik.

Ein

Dr. Hein ... stein,

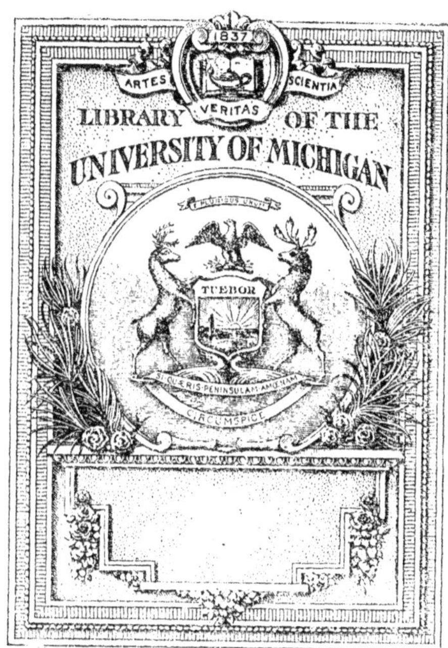

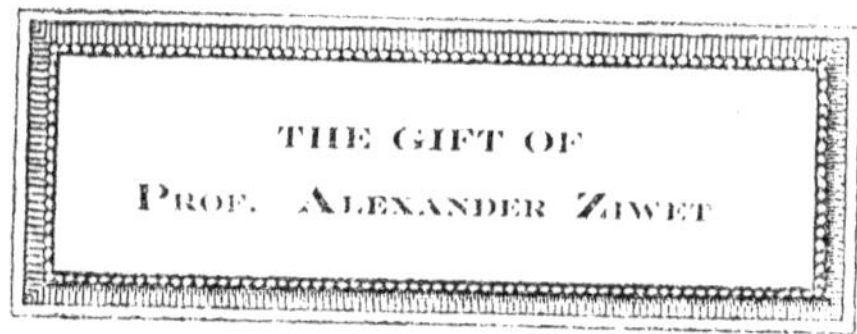

I. Elementare ... age. Mit 38 Textfiguren.

II. Elemente de ... **W. Jacobsthal.** 2. Aufl ... *M.* 12.—

III. Angewandt ... **Wellstein** und **R. H. Webe** ... *M.* 14.—

Das W... n wissenschaftlichen S... ts, was er später zu lehr... den Wert dieser Lehren ... Ziel dieser Arbeit ist nic... athematik zu ersehen o... lementares Gewand, sond... Darlegung der Elemente. ... ls für den Lehrer und S... n Betrachtungen auch ... rdnete Zusammenstellu... en werden.

„... Zwe... ge verleihen. Das eine liegt d... Behandlung erfahren, in eine... treffen ist.... Das zweite Mom... rauf angelegt haben, eine pra... n, Konstruktionen und Rec... war, an ausgewähltem Mate... bringen und überall auf die ... h in einigen Abschnitten, st... n Bedürfnisse Rücksicht genor... ligung finden sollen; doch ist ... analytischen Geometrie scho... des der „Encyklopädie der ... der über die Grenzen dessen, ... r aber auch — und das ist noc... Vertiefung des geometrischen ... uch gewiß oft und mit Nutze... iell wichtigen Fragen kommen, ... Eines verdient noch besonders hervorgehoben zu werden: ... Ausstattung mit schönen, sehr instruktiv gezeichneten Figuren. Der schwierigen Vorstellung der verschiedenen Formen sphärischer Dreiecke kommen die stereographischen Bilder der Euler'schen, Möbius'schen und Study'schen Dreiecke sehr zu statten." **(Zeitschrift für das Realschulwesen.)**

„... Daß ein Hochschullehrer von der Bedeutung des Verfassers die Elementar-Mathematik von höherer Warte aus behandelt und mustergültig darstellt, ist selbstverständlich. Jeder Lehrer, jeder Studierende muß das Werk, welches nicht nur in methodischer, sondern auch in systematischer Hinsicht von Bedeutung und daher eine wichtige Erscheinung der elementaren mathematischen Literatur ist, besitzen und studieren." **(Zeitschrift für lateinlose höhere Schulen.)**

„... Die Encyklopädie will kein Schulbuch im gewöhnlichen Sinne des Wortes sein, ist aber zur Vorbereitung auf den Unterricht, namentlich in den oberen Klassen, den Lehrern der Mathematik dringend zu empfehlen, welche die bezüglichen Originalarbeiten nicht alle selbst studiert haben, sich aber doch orientieren wollen, wie vom Standpunkte der modernen Wissenschaft die Begriffsbildungen, Methoden und Entwicklungen der Elementar-Mathematik zu gestalten sind." **(C. Färber im Archiv der Mathematik und Physik.)**

www.ingramcontent.com/pod-product-compliance
Lightning Source LLC
LaVergne TN
LVHW010614110826
845149LV00003B/914

* 9 7 8 1 4 1 8 1 7 9 0 6 9 *